FILOSOFIA BRUTA

EDUARDO ZUGAIB

FILOSOFIA BRUTA

Como lidar um pouquinho melhor com os limões que a vida dá

DVS EDITORA

São Paulo | 2025

www.dvseditora.com.br

FILOSOFIA BRUTA

Preparação de Texto: Algo Novo Editorial
Design de capa, projeto gráfico e diagramação: Renata Vidal
Imagem de capa: Barcin / Istock (limão cortado)
Imagens de miolo: Lisovskaya / Istock (bagaços), Barcin / Istock (limão cortado)

Dados Internacionais de Catalogação na Publicação (CIP)
(Câmara Brasileira do Livro, SP, Brasil)

Zugaib, Eduardo
Filosofia bruta : como lidar um pouquinho melhor com os limões que a vida dá / Eduardo Zugaib. -- 1. ed. -- São Paulo : DVS Editora, 2025.

ISBN 978-65-5695-157-7

1. Autoconhecimento 2. Crescimento pessoal 3. Filosofia de vida 4. Reflexões I. Título.

25-284502 CDD-113.8

Índices para catálogo sistemático:

1. Filosofia de vida 113.8

Aline Graziele Benitez - Bibliotecária - CRB-1/3129

Nota: Muito cuidado e técnica foram empregados na edição deste livro. No entanto, não estamos livres de pequenos erros de digitação, problemas na impressão ou de uma dúvida conceitual. Para qualquer uma dessas hipóteses solicitamos a comunicação ao nosso serviço de atendimento através do e-mail: atendimento@dvseditora.com.br. Só assim poderemos ajudar a esclarecer suas dúvidas.

SUMÁRIO

INTRODUÇÃO

Filosofia bruta. O nome pode soar estranho, mas não há nada mais essencial do que isto: ter uma filosofia de vida que nos possibilite lidar com a realidade de um jeito mais preciso. A vida nos convida – muitas vezes, sem gentileza alguma – a crescer filosoficamente a partir de experiências e dilemas básicos do dia a dia, a partir da rotina comum e de situações que não desejamos, mas que chegam muitas vezes como um soco no estômago. E é aí que reside nossa essência real, aquilo que somos sem filtros, sem maquiagem, sem edição. É aí que nossos valores ficam à flor da pele, expostos nesse território em que enfrentamos aquilo que gosto de chamar de campo atômico da vida – o mundo como ele é, sem as ilusões que criamos para torná-lo mais palatável.

Esse campo, invariavelmente, colide com o nosso campo platônico, aquele universo idealizado no qual tudo funciona, onde todas as nossas ideias e projetos dão certo e onde as dores e as perdas que enfrentamos sempre encontram um "final feliz", com direito à uma "moral da história" que atende muito mais quem conta o conto do que quem o vive na pele. Só que a vida real não tem um roteiro bem amarrado. Muitas vezes, os acontecimentos não têm absolutamente sentido algum, por mais que a gente procure por eles. Assim, o atrito entre esses dois campos – o platônico e o atômico – é inevitável. E o que nos resta diante disso? Nossas atitudes. O que sobra, o que permanece, é como agimos diante daquilo que nos acontece.

A impermanência, essa força imparável, se impõe a todo instante. Tudo muda, o tempo todo. Aceitar isso pode ser libertador, mas, ao mesmo tempo, também assusta. Nada do que é hoje está garantido para amanhã, e não há contrato vitalício com nenhuma certeza. Sem entender essa dinâmica, passamos a vida inteira tentando segurar água com as mãos. Mas, ao contrário do que a positividade tóxica que abunda por aí quer nos fazer acreditar, não há nenhum problema em sentir medo, frustração ou insegurança diante de mudanças. O erro está em negar essas emoções e fingir que tudo pode ser resolvido com meia dúzia de frases motivacionais, vendidas a preço de perfume barato de autoajuda e que, de encontro com a alta vulnerabilidade e as angústias existenciais de diversos grupos, neste mundo de certezas cada vez mais líquidas, é garantia de clientela farta e recorrente.

Nos momentos de crise, sempre aparecem grandes "gurus" com promessas milagrosas. "Sonhe!", "mentalize!", "acredite!", "realize!", "seja feliz!". É quase um mantra de uma nova religião e, pasme, muitos usam Deus como garoto propaganda, para dar aquela "validação social" de peso, sabe? Só tem um problema: a realidade não se importa com essas frases de efeito, e Deus deve estar bastante ocupado com questões mais graves para ficar cuidando do que a nossa mesquinharia cotidiana, não acha? Logo, você pode sonhar à vontade, mas se a casa pegar fogo, você precisa de um extintor, não de um cartaz dizendo "acredite no seu potencial". E quando tudo vira cinzas, o que menos precisamos é ouvir alguém dizendo que "Deus sabe o que faz".

O mundo real é mais duro. Quando o chão some sob nossos pés, não adianta gritar clichês para o céu. O que resolve, de fato, é pensamento crítico, é inteligência emocional, é discernimento para entender que nem sempre há um "lado bom" em tudo, que algumas coisas simplesmente são uma merda e está tudo bem reconhecer isso. Porque a sobrevivência começa nesse reconhecimento, nessa tomada de consciência da realidade.

Voltando à impermanência, ela não se resume a grandes tragédias. Ela está nos pequenos revezes do dia a dia. No café que derramamos na camisa antes de uma reunião importante. No pneu furado quando estamos atrasados. No e-mail que esquecemos de enviar e que pode custar um projeto. Em como um simples desencontro pode azedar um relacionamento. A vida, por definição, é um grande tabuleiro de incertezas, e a qualquer momento as peças podem mudar de posição. Quando isso acontece, é a forma como reagimos que faz toda a diferença. Podemos espernear, amaldiçoar o universo ou entender que imprevistos são parte do jogo e que nada dura para sempre, nem as pequenas derrotas, nem as grandes vitórias.

Também há os impactos maiores, aqueles que nos derrubam por completo. A demissão inesperada. A traição de alguém que confiávamos. O fim de um casamento. O diagnóstico de uma doença séria. A perda de um ente querido. Esses são os momentos que realmente nos testam, que expõem a fragilidade das nossas certezas. De repente, tudo o que acreditávamos ser sólido se dissolve no ar. Nessas horas, nem todo otimismo enlatado do mundo, muito menos as mais bonitas frases de conforto, adiantam. O que ajuda é ter uma base firme, construída ao longo do tempo, com pensamento crítico, autoconhecimento e um entendimento realista da vida que, quando acompanhado de um viés mais otimista que pessimista, costumam chamar por aí de fé.

Mas calma! Não precisa me deixar falando sozinho aqui. A impermanência também tem outro lado. Se tudo pode ruir de repente, também podemos ser surpreendidos por alegrias inesperadas. Aquele encontro fortuito que muda o rumo da nossa vida. Um abraço sincero que dissolve um dia ruim. Uma risada que escapa no meio do caos e nos lembra que nem tudo é desgraça. Um "bom dia" autêntico naquele elevador que mais parece um caixão vertical, levando todos para o enterro de mais um dia, em meio a outros tantos de uma vida sem propósito. O nascimento de um filho que ilumina a existência com um novo significado. O reencontro com um velho amigo que estava distante e que se percebe ser a mesma pessoa, apenas com a lataria amassada pelo tempo. A promoção que chega quando já estávamos desacreditados. Um amanhecer bonito depois de uma noite difícil. Pequenos e grandes momentos que, sem aviso, elevam nossa potência e nos fazem lembrar que a vida, apesar de tudo, vale a pena.

A questão é que tanto os infortúnios quanto os momentos de plenitude têm algo em comum: eles passam. Nada é fixo, e é justamente isso que dá valor único a cada experiência. O segredo não é buscar um estado permanente de alegria – isso não existe –, mas aprender a aproveitar os bons momentos em profundidade, sem medo de que acabem, e enfrentar os ruins com a certeza de que também não durarão para sempre. É equacionar essa dualidade natural da vida que se divide entre alegrias e tristezas e perceber que, nessa conta, quando aplicamos o "noves fora" (consulte um livro de matemática se não souber o que é isso), o que sobra é aquilo que podemos chamar de felicidade.

O pensamento filosófico não existe para tornar tudo confortável, mas para nos tornar mais lúcidos. Filósofos, desde os tempos antigos, não estavam preocupados em fazer a humanidade "se sentir bem", mas em fazer com que pensássemos melhor. Porque assim, talvez agiríamos e reagiríamos de uma maneira mais satisfatória também. Sócrates provocava até irritar. Nietzsche chutava certezas sem dó. Schopenhauer nos lembrava de que sofrer é inevitável. Sêneca falava sobre aceitar a dor como parte do jogo. E nós? Estamos cercados por um mundo que quer nos convencer de que basta sorrir que tudo dará certo. Mas não é bem assim que funciona. E no íntimo você sabe disso, só não reconhece por medo de aceitar a própria vulnerabilidade.

Pensar filosoficamente é aceitar a dureza da vida sem perder a força para seguir em frente. É entender que algumas derrotas são definitivas e que algumas dores não passam, mas isso não nos impede de seguir. É saber que amadurecer não é um processo linear, mas uma espiral cheia de recaídas. É perceber que sucesso e fracasso são apenas rótulos temporários, e que ambos são insignificantes diante da vastidão do tempo.

A grande questão é: o que fazemos com isso? Podemos viver fugindo da realidade ou aprender a enfrentá-la? Podemos nos esconder atrás de crenças confortáveis, aquele sapato de número menor que nossos pés se acostumaram a usar, ou construir resiliência para suportar o peso do mundo? Podemos nos iludir com a ideia de que um dia tudo fará sentido ou aceitar que o sentido não está pronto? Que ele é construído aos poucos, nos detalhes do cotidiano, nas escolhas que fazemos, na maneira como lidamos com o inesperado e como absorvemos o que é esperado também. Ou, melhor ainda: aceitar que nada faz sentido, porém tudo é e precisa ser sentido.

Ao longo deste pequeno roteiro em forma de livro, vamos explorar alguns choques entre as ilusões e a realidade. Vamos rir das nossas próprias incoerências, encarar verdades incômodas e, quem sabe, sair do outro lado um pouco menos ingênuos e um pouco mais preparados para os trancos e barrancos da vida. Vamos falar sobre erros e acertos, sobre amigos e desafetos, sobre o tempo e sua natureza traiçoeira, sobre felicidade e sua fragilidade. E, acima de tudo, sobre como pensar melhor nos torna mais humanos.

Não espere respostas prontas. O que encontrará são provocações, reflexões e um convite para encarar a vida de frente, sem atalhos. Seja bem-vindo, seja bem-vinda à *Filosofia bruta*.

DUAS BOAS E DUAS MÁS NOTÍCIAS PARA VOCÊ

Tenho algumas notícias para lhe dar, você pode escolher aquela, ou aquelas, que fizerem mais sentido. Todas são verificadas, checadas na fonte e estão longe de se caracterizarem como *fake news*.

A primeira má notícia é que hoje, neste exato momento, você está pisando em um mundo que está acabando. Sabe tudo aquilo que você já viveu? Suas experiências boas e ruins, os fatos positivos e negativos que marcaram e que transformaram você naquilo que é hoje? Seus pensamentos, sentimentos e crenças que ora atritam com a vida, ora fluem conforme ela se apresenta? Sim, estamos falando de tudo aquilo que já viveu e que entrou para a sua história. E nela, você não é capaz de mudar uma vírgula sequer. Incompetente ao extremo neste sentido, assim como os mais de 8 bilhões de humanos que respiram neste planeta. Espero não ter lhe assustado muito, ao menos por enquanto.

Então, vamos à primeira boa notícia: hoje, neste exato momento, você está pisando em um mundo que está acabando. Sabe tudo aquilo que já viveu, suas experiências boas e ruins, os fatos positivos e negativos que lhe marcaram e que lhe transformaram naquilo que é hoje? Seus pensamentos, sentimentos e crenças que ora atritam, ora fluem com a vida da forma como ela se apresenta? Sim, tudo aquilo que você já viveu e entrou para a sua história, da qual você não é capaz de mudar uma vírgula sequer. Nadica de nada. Fique tranquilo quanto ao texto repetido, ele não foi um erro de revisão.

Se você realmente está aqui comigo, lendo com atenção e evitando a ansiedade digital de olhar o celular a cada minuto para verificar se não perdeu nada importante, você percebeu que a má e a boa notícia são a mesma. Tudo depende da perspectiva com que encara o fato. E ainda temos mais duas notícias.

A segunda boa notícia é: neste exato momento em que lê este livro, você está pisando em um mundo que está nascendo. Um mundo novo, que se descortinará conforme a vivência dos seus próximos dias. Um mundo cuja ponta inicial se percebe neste metro quadrado que está à sua frente, tocado pelas pontas dos seus pés. Um mundo que vai requerer de você a capacidade de se conhecer, de reconhecer e aceitar suas vulnerabilidades. Que vai testar sua resiliência além do limite e jogar no lixo, durante diversos momentos, suas certezas, sua capacidade de sonhar, de se organizar, de superar obstáculos e a si próprio. Esse mundo vai desafiá-lo à exaustão, subindo o sarrafo diariamente e colocando à prova tudo aquilo que aprendeu, o seu senso de propósito, aquilo que enxerga embaçado e chama de legado, aquilo que trabalhou duro para se tornar.

E, claro, a segunda má notícia é exatamente a mesma: neste exato momento em que lê estas linhas, você está pisando em um mundo que está nascendo. Este novo mundo também trará desafios, dores, mudanças forçadas, crises inesperadas e testes constantes para seguir em frente. Em muitos momentos você pode ficar tentado a desistir, fugir para um lugar onde tudo seja mais simples, onde as cobranças sejam menores, onde a vida pareça menos exigente. Mas esse lugar não existe. O mundo é o que é. O que muda é a forma como você o encara.

Muita gente, bem mais competente que nós, já tratou dessa dualidade com maior ou menor otimismo e humor. Epicuro nos ensinou que a busca pelo prazer deve ser moderada, equilibrada e consciente. Espinosa viu na razão a chave para a liberdade. Schopenhauer nos lembrou que sofrer é inevitável. Nietzsche desafiou a ilusão das certezas absolutas. Independente da abordagem, todos colocaram no nosso colo a responsabilidade de assumir uma postura diante da realidade.

Se há algo que a história nos ensina, é que o mundo nunca foi estático. Tudo muda. Muitas das grandes invenções da humanidade nasceram da impermanência e do acaso, como o micro-ondas, o *post-it* e até a penicilina. Ou seja, erros, imprevistos e mudanças não são inimigos, mas aliados. Eles que expandem os limites daquilo que conhecemos e nos obrigam a nos reinventar. A impermanência é a base da inovação, do aprendizado e da evolução.

Então, se a vida insiste em lhe dar um limão, você tem algumas opções: a primeira é chupar passivamente o limão, recitando algum mantra motivacional. A segunda é seguir o clichê e fazer uma limonada, tirando algum proveito disso. A terceira é um pouco mais desobediente: cortar o limão ao meio, espremê-lo de volta nos olhos da vida e seguir em frente.

Talvez esse "seguir em frente" arda um pouco, mas com o tempo esse ardor nos ensina a aceitar o medo, a encarar a próxima mudança e, mesmo assim, continuar. A escolha é sua.

Para ajudar nessas escolhas você percorrerá, a partir de agora, quinze inquietações importantes para refletir e colocar em prática. Cada uma delas, algumas travestidas de conflitos e dilemas cotidianos, colocam em nosso colo um convite à autoconsciência: uma moeda valiosa hoje em dia, disponibilizada nesse "mercado" chamado vida, que sempre está repleto de gôndolas recheadas de ilusões, sejam propositais ou não. E nos convidam a um baile suave e brutal, no qual nossas incoerências nos tiram para dançar sem constrangimento, nos conduzindo a cada metro quadrado de futuro que percorremos pelo salão.

COMO TIRAR O MELHOR PROVEITO DESTE LIVRO

Ao final de cada uma das quinze inquietações você encontrará cinco perguntas, que são alguns dos limões da *Filosofia bruta*, lavados e cortados com carinho para o seu melhor deleite.

Ao todo são setenta e cinco limões, preparados para ajudar a tirar a leitura de um campo passivo e subjetivo e proporcionar uma experiência mais rica, objetiva e prática.

Sugiro que responda em uma leitura individual e focada. Conforme for se acostumando, anote algumas das questões em cartões para sacar naquele jantar ou reunião entre amigos, quando a conversa invariavelmente gira em torno das mesmas polêmicas de sempre: política, esportes, reality shows...

Assim, aos poucos, começaremos a discutir por coisas que realmente valem a pena.

1

ACERTE E ERRE, ACEITE E CRESÇA

"Errar é humano. Insistir no erro é burrice. Terceirizar a culpa é canalhice."

#FilosofiaBruta @eduzugaib

Vivemos em uma cultura que glorifica os acertos e demoniza os erros. Desde pequenos, somos educados para acertar sempre, como se isso fosse possível. Tirar nota máxima, não errar no jogo, fazer tudo certo no trabalho, ser impecável nas relações. Criamos uma mentalidade onde errar é sinônimo de fracasso e acertar, de competência. Mas a realidade, bem menos romantizada, se impõe: erramos muito, erramos sempre e só cresce quem aprende a lidar com isso.

Errar dói. Não há romantismo que apague essa verdade. O erro tem um custo, e dependendo do contexto, ele pode ser bem alto. Mas ignorá-lo ou fingir que não aconteceu não elimina as consequências. Pelo contrário, só as tornam mais profundas e difíceis de administrar. O erro precisa ser encarado de frente, analisado, compreendido e transformado em aprendizado, no mínimo.

A maioria das pessoas lida com os próprios erros de duas formas igualmente disfuncionais: ou os varre para debaixo do tapete, fingindo que nunca aconteceram, ou se consomem de culpa e se paralisam. O primeiro grupo escolhe a negação, acreditando que se ninguém viu, não aconteceu. O segundo grupo se entrega ao autoflagelo, numa autocrítica excessiva, se condenando por não ser perfeito. Ambas as abordagens são um desperdício de aprendizado. O caminho maduro e eficaz é outro: encarar o erro como parte do processo, entender onde e por que aconteceu, limpar a "sujeira" (tenha ela a textura e o cheiro que for, você me entendeu), consertar o que for possível e, acima de tudo, aprender com ele.

O EGO E A NECESSIDADE DE ESTAR CERTO

Uma das grandes barreiras para aprender com os erros é o ego, e dedicaremos uma inquietação inteira a ele mais à frente. Mas é importante invocá-lo para contextualizar. Queremos ter a razão o tempo todo, não apenas para nós mesmos, mas principalmente para os outros. O problema é que essa necessidade de estar certo impede a assimilação das falhas. E quando finalmente as percebemos, a primeira reação é a autodefesa que esbarra na vitimização, quase sempre. Isso acontece quando tentamos justificar, minimizar ou até culpar fatores externos: "Eu só errei porque fulano não fez a parte dele", "Isso só deu errado porque as condições não eram ideais" ou ainda "Se eu tivesse mais tempo, teria feito certo."

A questão é simples: enquanto gastamos energia inventando desculpas, deixamos de evoluir. Assumir o erro sem rodeios e sem subterfúgios é maturidade, e isso não significa se martirizar, mas reconhecer que falhas fazem parte da caminhada.

Friedrich Nietzsche dizia "O que não me mata me fortalece". O problema é que, para muitas pessoas, errar é quase sinônimo de morte. A vergonha, o medo do julgamento e a sensação de fracasso podem ser esmagadores. No entanto, o erro é um grande catalisador do desenvolvimento. Ele nos torna mais atentos, mais resilientes e mais criativos. Ou seja, o problema não está em errar e, sim, em não aprender nada com o erro e, com isso, permitir que a reincidência exerça uma "des-performance" (acabei de inventar essa palavra) cada vez maior.

O MEDO DE ERRAR E A PARALISIA DO PERFECCIONISMO

Existe um grande paradoxo sobre o erro: o medo de errar pode ser mais prejudicial do que o próprio erro. Há quem passe a vida inteira tentando evitar falhas, planejando minuciosamente cada passo, esperando o momento ideal para agir – e esse momento nunca chega. O medo da imperfeição gera inércia, o desejo de sempre acertar gera ansiedade e ambos são venenos entorpecentes.

Por isso, há uma armadilha escondida na ideia de "fazer sempre o melhor possível". Claro que a busca da excelência é essencial, mas se ela lhe paralisa, impedindo qualquer iniciativa antes que tudo esteja absolutamente perfeito, acaba por se transformar em uma grande inimiga. Perfeição é uma ilusão e, em grande parte dos casos, um excelente pretexto para não agir. Logo, melhor feito e ajustando do que perfeito e guardado na gaveta. Melhor errar e aprender do que não tentar por medo de falhar.

Thomas Edison, ao ser questionado sobre suas inúmeras tentativas fracassadas antes de sua equipe chegar ao melhor projeto da lâmpada elétrica, respondeu: "Não falhamos em nenhuma. Apenas descobrimos milhares de formas de como não se fazer uma lâmpada". Ele entendeu que erros faziam parte do processo de descoberta e aprimoramento. Sem eles, talvez nunca tivéssemos a lâmpada elétrica.

QUANDO O ERRO VIRA ACERTO: LIÇÕES DA INOVAÇÃO

Muitas das inovações que fazem parte do nosso cotidiano nasceram de erros ou de tentativas frustradas. O forno micro-ondas, que já citamos, foi descoberto acidentalmente por Percy Spencer, um engenheiro que trabalhava com radares, quando percebeu que o chocolate que estava em seu bolso havia derretido durante seus experimentos no laboratório. Investigando o fenômeno, fez mais testes com outros alimentos em uma caixa de contenção menor que o laboratório e, assim, desenvolveu o primeiro micro-ondas.

O *post-it,* outro exemplo clássico que também comentamos há pouco, surgiu quando o cientista Spencer Silver, da 3M, tentou criar um adesivo superforte, mas acabou desenvolvendo um que não tinha tanta aderência. Durante anos, a invenção foi considerada um fracasso até que alguém percebeu que poderia ser útil para marcar páginas de livros ou fazer anotações temporárias. O que era um erro virou um produto inovador, amplamente utilizado e uma das maiores fontes de receita da empresa durante anos.

Wilson Greatbatch queria criar um monitor cardíaco, mas errou ao escolher um resistor. O circuito, em vez de apenas medir, emitia impulsos rítmicos, como se tentasse marcar o compasso do coração. Em vez de descartar o erro, ele o investigou e o aprimorou. O resultado? O primeiro marca-passo implantável, o qual já salvou milhões de vidas.

Não vamos nos esquecer da penicilina, descoberta após Alexander Fleming identificar que uma de suas culturas de bactérias estava mofada. Ao analisar o fungo, identificou que ele produzia uma substância que impedia a proliferação das bactérias, o que culminou no desenvolvimento do primeiro antibiótico mais famoso da história.

Esses exemplos mostram que o erro, quando bem administrado, pode levar a grandes descobertas. Nem todo erro é um desperdício. Às vezes, ele abre portas para soluções inesperadas.

ACEITAR OS ACERTOS SEM SE ACOMODAR

Se errar pode ser doloroso, acertar pode ser sedutor. O problema do sucesso é que ele pode nos embriagar. O ego, que nos impede de lidar bem com os erros, pode transformar acertos em armadilhas, trazendo relaxamento, fazendo acreditar que dominamos o jogo e que nada mais precisa ser ajustado. O erro nos ensina a sermos humildes. O acerto, muitas vezes, pode nos tornar arrogantes.

Se um erro não reconhecido nos impede de crescer, um acerto nunca questionado pode nos fazer regredir. Os grandes profissionais, empreendedores e artistas não se acomodam nos próprios sucessos. Sempre analisam, revisam, ajustam e buscam a melhoria contínua. Isso vale para a carreira, para os relacionamentos e para a vida de maneira geral.

Portanto, vale celebrar suas conquistas, mas sempre evitar dormir sobre elas. O que foi suficiente ontem pode não ser amanhã. E o mundo não espera, tampouco pergunta se você está pronto ou se precisa de mais tempo para pensar e se preparar.

Então, como podemos lidar melhor com o erro?

- **Reconhecendo-o rapidamente** – Quanto mais cedo perceber e aceitar um erro, mais depressa poderá agir para minimizar seus impactos.
- **Não o confundindo com fracassar** – Errar é parte do processo. O verdadeiro fracasso é não aprender nada com isso.
- **Corrigindo, sem se torturar** – Não cair na armadilha do autoflagelo. Corrigir o que for possível, seguir em frente e não carregar culpa desnecessária além da conta.
- **Analisando acertos com o mesmo rigor** – Não se acomodar com o sucesso. O que funcionou ontem pode não dar certo amanhã.
- **Superando o medo de errar** – O perfeccionismo paralisa. Portanto, é melhor feito do que perfeito. Melhor corrigir do que nunca tentar.

Acerte, erre, corrija, aprenda, siga em frente. Nenhum erro precisa ser definitivo, e nenhum acerto garante sucesso eterno. O equilíbrio entre humildade para reconhecer falhas e a disciplina para construir conquistas é o que realmente define uma trajetória bem-sucedida.

O mundo não espera, e o que você faz com erros e acertos é o que definirá seus próximos passos.

Você diz que quer crescer, mas faz de tudo para evitar a frustração, o constrangimento e a dor emocional decorrente dos erros... acertei? A única coisa pior que errar é fugir do erro e, com isso, continuar limitando cada vez mais o seu alcance. Para tirar o melhor caldo deste capítulo, esprema os "limões" a seguir com sinceridade:

1. Você tem medo do erro ou consegue verdadeiramente encará-lo como aprendizado?
2. O que um erro recente ensinou a você sobre si mesmo?
3. Como lida com a culpa após um fracasso? Consegue transformá-la em reflexão e ação ou prefere ficar rolando na lama do ressentimento?
4. Você reconhece e celebra suas pequenas conquistas ou só foca na parte que falta?
5. O que você faria se soubesse que, agora mesmo, está errando feio em algo que acreditava estar coberto de razão?

2

QUER BONS AMIGOS? PRIMEIRO SEJA UM

"Se a sua amizade não sobrevive a um 'não', você não é amigo. É apenas figurante de novela alheia."

#FilosofiaBruta @eduzugaib

A amizade é um dos pilares mais fundamentais da experiência humana. Desde os primeiros momentos da infância até os últimos dias de vida, as conexões que construímos definem boa parte de quem somos e de como experimentamos o mundo. No entanto, existe um detalhe muitas vezes negligenciado: queremos amigos incríveis ao nosso lado, mas será que estamos sendo o tipo de amigo que gostaríamos de ter?

Aristóteles, que já refletia sobre isso há mais de dois mil anos, categorizou a amizade em três tipos: a de utilidade, a de prazer e a baseada na virtude. A primeira é movida pelo interesse mútuo, uma troca de favores por assim dizer. É aquela que enfraquece naturalmente tão logo o interesse é suprido. Talvez seja o tipo mais comum, apesar de não aceitarmos isso como verdade e acreditarmos que somos amigos exemplares, desprovidos de interesse.

A segunda é conduzida pela diversão e prazer imediato que um amigo proporciona. Costuma durar até o momento em que outra rotina ou agente – outros amigos mais interessantes e divertidos para o momento – entram em cena. É aquela amizade que parecia de infância quando surgiu, tamanha afinidade identificada, mas que não dura mais que alguns verões.

Mas a terceira, ah, essa sim é a verdadeira amizade: a que nasce da admiração, do respeito e do desejo mútuo de crescimento. E é justamente essa que vale a pena cultivar, pois se faz presente tanto no momento de prazer quanto no de dor. E aqui entra um dos limões que a vida nos dá: é possível conhecer esse terceiro tipo sem passar pela experiência do primeiro e do segundo? Não, porque ninguém vem com isso escrito na testa. Logo, a vida pede a experimentação contínua, sob o risco do erro e do acerto. Se acaso der errado e não souber o que fazer, volte ao capítulo anterior.

O PARADOXO DA AMIZADE: DAR PARA RECEBER

Aqui entra um dos maiores paradoxos da vida: quem foca apenas em ter bons amigos geralmente se frustra. Mas quem foca em ser um bom amigo, em transitar com autenticidade, disposição e generosidade pelos ambientes que frequenta acaba cercado por relações saudáveis e genuínas. No fundo, é um jogo de espelhos: o que projetamos no mundo reflete para nós.

Há uma anedota antiga que nos ajuda e entender melhor essa experiência humana que, na década de 1990, ganhou uma observação científica qualificada a explicá-la. Reza a lenda que um forasteiro, ao chegar em uma nova cidade, perguntou a um velho sábio como eram as pessoas dali. O sábio devolveu a pergunta: "Como eram as pessoas da cidade de onde você veio?". O viajante respondeu que eram egoístas e falsas. O sábio então disse: "Sinto muito, mas é isso que você encontrará aqui também." Mais tarde, outro viajante fez a mesma pergunta, mas respondeu que em sua cidade as pessoas eram gentis e generosas. O sábio sorriu e disse: "Pois é isso que encontrará aqui." Moral da história? O mundo, e especialmente nossas relações, tendem a refletir aquilo que carregamos dentro de nós. E quem nos ajudou a entender isso de uma forma mais estruturada foi o grupo de neurocientistas liderados por Giacomo Rizzolatti, através da descoberta dos neurônios espelho.

No universo da filosofia, esse conceito pode ser ligado à ideia do olhar fenomenológico: o mundo se apresenta a nós não como ele é, mas como somos capazes de percebê-lo. Isso significa que, se estamos sempre esperando ser traídos, ignorados ou esquecidos, nossa percepção seletiva vai confirmar essas suspeitas, inclusive alimentando relações tóxicas recorrentes, o famoso "Só me aparece gente que não presta". Por outro lado, se cultivamos um olhar generoso para as relações – inclusive as relações que mantemos conosco - encontraremos reciprocidade no mundo afora. Ajustamos nossa percepção seletiva para outros parâmetros, da mesma forma quando se compra um carro novo ou quando se engravida acreditando ser o único ser humano a viver essa experiência. Até que nossa percepção seletiva passa a esfregar na nossa cara a quantidade de grávidas e de carros exatamente iguais aos nossos e que estão circulando por aí.

O RISCO DA AMIZADE QUE SUFOCA

Mas ser um bom amigo não significa sufocar o outro com expectativas irreais. Há quem confunda amizade com posse, achando que laços profundos significam exclusividade ou obrigação de estar disponível a qualquer momento. Isso não é amizade, é dependência emocional disfarçada. O que, em muitos casos, descamba para relações abusivas e narcisistas.

Na amizade, há sempre um pequeno abismo que mantém a relação saudável: a individualidade. Ela, assim como o respeito mútuo, é essencial para que a amizade não se torne um fardo, pendendo para apenas um dos lados.

A história está repleta de exemplos de amizades que se romperam justamente por essa falta de espaço. Freud e Jung, por exemplo, eram extremamente próximos, mas o desejo de Jung de explorar caminhos diferentes na psicanálise foi interpretado por Freud como traição. O que poderia ter sido uma amizade enriquecedora por mais tempo acabou naufragando pelo apego excessivo e pelas expectativas desajustadas.

A AMIZADE E A ARTE DA DISCORDÂNCIA SAUDÁVEL

Outro ponto essencial é que amizades não precisam ser homogêneas. A convivência com opiniões e visões de mundo diferentes pode nos fortalecer intelectualmente e emocionalmente. Hoje, vivemos em bolhas que nos cercam de pessoas que pensam exatamente como nós. E isso nos enfraquece.

Platão já dizia que a verdadeira dialética ocorre quando ideias opostas se confrontam, gerando um entendimento mais amplo. Se buscamos apenas amigos que reafirmam tudo o que já acreditamos, perdemos a oportunidade de crescer. Em tempos de polarização extrema, onde até um "bom dia" pode ser interpretado como uma declaração política, ser amigo de alguém que pensa diferente é um ato de coragem e inteligência.

Veja o exemplo de Voltaire e Rousseau, que tinham origens e pensamentos muito diferentes. Eles discordavam profundamente sobre vários aspectos da filosofia política, mas isso não os impedia de manter respeito mútuo e ampliar a compreensão de todos através da sua contínua troca de cartas sobre questões relacionadas à esperança e à civilização, ajudando a ampliar o alcance do Iluminismo frente às ideias absolutistas e obscurantistas da época. No fim, talvez seja isso que nos falte: a capacidade de respeitar o pensamento divergente sem transformá-lo em motivo de ruptura, mas compreendê-lo como interdependente e, muitas vezes, complementar ao nosso. Em outras palavras, e vulgarizando um pouco a reflexão, pouco me importa se você é de esquerda ou de direita. O que recomendo fazer, caso a intolerância tenha se tornado presente em sua vida, é um experimento físico: cortar seu braço ou perna "opositor" e ver como, ao final, seu corpo vai se comportar.

Colocado isso, a grande questão é como podemos, de forma prática, ser melhores amigos?

- **Ouvindo mais, falando menos** – A amizade não se trata apenas de dividir suas vitórias e frustrações, mas também saber acolher as dos outros. Às vezes, o outro só precisa de alguém que o escute sem dar conselhos ou fazer julgamentos.

- **Estando presente, mesmo sem estar fisicamente perto** – Pequenos gestos fazem toda a diferença. Uma mensagem sincera, um "como você está?" genuíno ou lembrar de uma data importante mostra que você realmente se preocupa.
- **Entendendo que divergências não precisam ser rompimentos** – O mundo está polarizado, e muitas amizades se desfazem por diferenças de opinião. A maturidade está em discordar sem destruir a relação. A verdadeira amizade suporta debates, desde que haja respeito.
- **Sendo o amigo que oferece, não apenas o que cobra** – Se você só procura amigos quando precisa de algo, tome cuidado. A amizade não pode ser uma via de mão única. Se quer apoio, aprenda a dar apoio.
- **Deixando o outro ser quem é** – Aceitar as particularidades e o espaço do outro é um dos maiores atos de amizade. Nem todo amigo será como você deseja, e tudo bem. Cada pessoa tem seu tempo, seu ritmo e sua forma de demonstrar afeto.

No fim das contas, amizades verdadeiras não nascem do nada. Elas são construídas, alimentadas e fortalecidas ao longo do tempo. Ter amigos leais e inspiradores requer que também sejamos assim. Afinal, as relações que criamos são, no fundo, reflexos dos afetos que declaramos ao mundo.

Você reclama que só tem amizades falsas, que ninguém se importa com você, mas some quando precisa ser presente e não demonstra nenhum afeto pelos momentos alegres ou tristes dos outros. Relações são como espelhos: se só aparece gente ruim na sua vida, talvez o problema esteja justamente "naquilo" que estas pessoas têm em comum. Para tirar o melhor caldo deste capítulo, esprema os "limões" a seguir com sinceridade:

1. Você é o tipo de amigo que gostaria de ter?
2. Como demonstra interesse genuíno pelas pessoas ao seu redor?
3. Você está presente nas vitórias e nos desafios dos seus amigos?
4. O quanto você se preocupa em ouvir, em vez de falar?
5. Você gosta de ver seus amigos bem, mesmo quando estão melhores que você?

3

SUA CRIATIVIDADE FLORESCE NO REPERTÓRIO

“A criatividade morre toda vez que alguém diz ‘sempre foi assim’ e ninguém joga um sapato nessa pessoa.”

#FilosofiaBruta @eduzugaib

Criatividade não é um dom divino, nem um lampejo místico reservado a gênios iluminados. Em sua essência é um jogo de combinações: quanto mais peças você tem à disposição, há mais possibilidades de criar algo. Por isso, quem deseja ser criativo precisa, antes de tudo, construir um repertório diversificado. Isso exige curiosidade, experimentação e disposição para sair do próprio circuito de ideias e experiências.

Pense em um chef de cozinha que só conhece três ingredientes. Quantos pratos ele conseguirá criar? A criatividade funciona da mesma forma: se você tem poucas referências, suas ideias serão limitadas. Se seu repertório é vasto, você consegue conectar pontos distantes e gerar inovações dirigidas ou inesperadas.

CRIATIVIDADE: UMA CONDIÇÃO HUMANA

Desde tempos imemoriais, a criatividade tem sido um diferencial humano. Platão via o conhecimento como um processo de recordação, no qual nossa alma acessava ideias já existentes no mundo das formas perfeitas, o mundo platônico. Aristóteles, por sua vez, valorizava a experiência prática como fonte de conhecimento, apontando que a inteligência nasce da observação e da experimentação.

Séculos depois, Kant nos trouxe a ideia de que a mente humana não é uma mera receptora de informações, mas um sistema ativo que interpreta, organiza e ressignifica o que percebe. Essa perspectiva ajuda a entender por que a criatividade não nasce do nada, ela vem da interação entre referências, experiências e percepções.

Henri Bergson, filósofo do século XX, destacou que a intuição e a imaginação são elementos essenciais para o pensamento criativo. Para ele, a capacidade de desenvolver novas realidades nasce da habilidade de transcender o racionalismo puro e mergulhar na fluidez das associações de ideias. Em outras palavras: a criatividade se manifesta quando deixamos a mente livre para conectar elementos aparentemente desconexos.

SANTOS DUMONT, LOUIS CARTIER E O RELÓGIO DE PULSO

Se há um exemplo clássico do impacto do repertório na criatividade, ele está na história do relógio de pulso. Até o início do século XX, os relógios de bolso eram o padrão, elegantes, sofisticados, mas nada práticos para aviadores. Como Santos Dumont precisava das duas mãos livres para trabalhar em seus voos experimentais, durante uma conversa com seu amigo Louis Cartier, colocou essa necessidade à mesa e a solução surgiu: um relógio que pudesse ser preso ao pulso, permitindo fácil consulta ao tempo sem comprometer a operação dos controles da aeronave.

Aqui, vemos claramente a criatividade surgindo da associação de ideias. Dumont não inventou o relógio nem a pulseira. Mas sua necessidade prática possibilitou que conectasse elementos já existentes de maneira inovadora. O resultado foi o primeiro relógio de pulso da história, que, anos depois, se tornaria um acessório indispensável no mundo todo.

CRIATIVIDADE NÃO VEM DO NADA: VOCÊ SÓ CONECTA O QUE CONHECE

Steve Jobs dizia que criatividade é apenas conectar coisas. Quem tem um repertório rico consegue enxergar conexões que outros não percebem. Isso vale para grandes cientistas, artistas e inventores da história.

Leonardo da Vinci não foi apenas um pintor talentoso. Seu interesse por anatomia, engenharia, hidráulica e astronomia fez com que criasse esboços de máquinas voadoras séculos antes de aviões se tornarem realidade. Ele misturava conhecimentos de diferentes áreas e criava combinações de inovações visionárias.

O mesmo ocorre no mundo dos negócios. Henry Ford não inventou o carro, mas seu contato com frigoríficos, que usavam esteiras para processar carnes, inspirou a criação da linha de montagem automotiva. Walt Disney não inventou a animação, mas combinou técnicas cinematográficas, música e *storytelling* para revolucionar o entretenimento. Michael Jackson não inventou o videoclipe, mas impactou o gênero e revolucionou a promoção musical quando lançou Thriller, o curta-metragem que conquistou o mundo.

Essas conexões não surgem do nada, elas são fruto de um repertório alimentado continuamente por novas experiências, aprendizados e, principalmente, observação desarmada e interessada. Como a do engenheiro suíço Georges de Mestral, o qual saiu para uma caminhada e notou que pequenas sementes espinhosas estavam grudadas em suas roupas e nos pelos de seu cachorro. Em vez de reclamar, resolveu examinar a estrutura dessas sementes com um microscópio. Foi quando percebeu que elas tinham minúsculos ganchos que se prendiam a qualquer tecido com fibras soltas. Inspirado por essa engenharia natural, criou o Velcro, um dos sistemas de fixação mais versáteis da atualidade.

O *ZEITGEIST* NEXIALISTA: CRIATIVIDADE ALÉM DA ESPECIALIZAÇÃO

Em um mundo que valoriza a hiperespecialização, uma palavra vem ganhando destaque nas últimas décadas, apesar de bastante antiga: nexialismo. Ele surge como uma abordagem essencial para inovação e criatividade. Criado na ficção científica por Alfred Elton Van Vogt no livro *The Voyage of the Space Beagle* (1950), o conceito descreve profissionais que conectam diferentes áreas do conhecimento para resolver problemas complexos. Nele, o protagonista, dr. Elliot Grosvenor, é um "nexialista" – um profissional que não se especializa em um único campo do conhecimento, mas na integração de diversas disciplinas para resolver problemas complexos. Seu papel na nave espacial era fundamental, conseguia transitar entre as áreas de conhecimento, conectar informações de diferentes especialidades e gerar *insights* inovadores quando a expedição se via frente a alguma encrenca desconhecida.

A história já mostrou que grandes inovadores foram nexialistas, mesmo sem usar esse termo. Leonardo da Vinci misturou arte, anatomia e engenharia. Steve Jobs fundiu tecnologia e design. O Nobel Richard Feynman conseguiu explicar conceitos complexos da física a partir do seu interesse interdisciplinar pela linguística, pela arte e pela música.

O diferencial? A capacidade de fazer associações inéditas e criar possibilidades. O pensamento nexialista é um convite à aprendizagem contínua e interdisciplinar. Quanto mais repertório tem, mais conexões inovadoras são criadas. Afinal, a criatividade não surge espontaneamente do nada – ela nasce do encontro entre diferentes mundos.

E se a criatividade depende de repertório para florescer, a pergunta que fica é: como podemos ampliar nosso conhecimento de forma prática?

- **Experimentando o desconhecido** – Assista a filmes de gêneros que nunca viu, leia livros que não fazem parte da sua zona de conforto, ouça músicas de outras culturas. Quanto mais diversificado o repertório, mais peças estarão disponíveis para conexões criativas.

- **Sendo curioso sobre o funcionamento das coisas** – Pergunte-se como algo foi feito, por que funciona de determinada maneira, quem o inventou. Pesquisar e explorar assuntos diversos ajuda a criar um banco de dados mental rico para futuras associações.

- **Conversando com pessoas de áreas diferentes** – O intercâmbio de ideias com profissionais de setores distintos abre a mente para novas perspectivas. Grandes inovações costumam surgir quando conhecimentos de diferentes disciplinas se encontram.
- **Saindo do automatismo** – A rotina é inimiga da criatividade. Mude o caminho para o trabalho, prove novos sabores, mude a disposição dos móveis em casa. Pequenas mudanças no dia a dia treinam o cérebro a buscar novas soluções.
- **Cultivando o hábito de associar ideias** – Pegue dois conceitos aleatórios e tente ligá-los. O que um astronauta e um barista têm em comum? Como a mecânica de um elevador pode ser aplicada na gestão de tempo? Exercícios como esses treinam sua mente para conectar pontos aparentemente distantes.

Criatividade não é um talento inato de privilegiados. Ela é um processo contínuo de expansão de repertório e de experimentação com novas conexões. Quanto mais alimentamos nossa mente com experiências variadas, mais espontâneo se torna encontrar soluções originais para problemas antigos.

Portanto, se a vida está cobrando de você um pouco mais de criatividade, comece pela base e amplie seu repertório. Cultive a curiosidade, explore o desconhecido, conecte ideias inusitadas. Assim passamos a enxergar o que sempre esteve ali, de um jeito que ninguém viu antes.

Fato: sua criatividade está no mesmo nível do seu histórico de navegação. Ela pode estar previsível, superficial e repetitiva ou curiosa, exploratória e diversificada. Ideias novas não nascem do nada, nascem do que se consome. Tal qual um "processo digestivo", só que diferente. Nele, tudo que entra também sai, porém numa combinação melhor que o processo tradicional, aquele que te conduz ao banheiro todos os dias. Será que você está "consumindo" pouco? Para tirar o melhor caldo deste capítulo, esprema os "limões" a seguir com sinceridade:

1. Como você alimenta seu repertório para pensar de forma inovadora?
2. Você se expõe a novas experiências ou vive no automático, navegando apenas naquilo que o algoritmo lhe entrega?
3. Quando foi a última vez que aprendeu algo totalmente novo?
4. O que pode mudar na sua rotina para estimular mais sua criatividade?
5. Você tem navegado por diferentes culturas, ideias e perspectivas? Ou está apenas vivendo e se alimentando das *trends* das redes sociais?

4

SE AINDA NÃO CAIU, ACEITE: VOCÊ VAI CAIR

“Expor-se vulnerável é difícil. Mas viver escondido atrás daquilo que você não é, aí é humilhação demais.”

#FilosofiaBruta @eduzugaib

Desde cedo, a sociedade nos ensina a idolatrar a perfeição. O erro é tratado como fracasso, a vulnerabilidade como fraqueza e a dúvida como insegurança. No mundo corporativo, na liderança e até na vida pessoal, muitos tentam projetar uma imagem infalível. Mas, convenhamos, a coisa mais ridícula do que um líder que se acha inquebrável é aquele que insiste em usar a cueca por cima da calça, revestindo-se do imaginário de indestrutibilidade de super-herói hollywoodiano. Quem nos socorre desse delírio narcisista é Nietzsche, cujo conceito de herói não é aquele virtuoso, altruísta ou mártir, mas o que vive plenamente, intensamente e sem arrependimentos criando sua própria moral, superando as dificuldades e dançando com a vida, mesmo sabendo que ela pode ser cruel. Ele não se sacrifica: ele se afirma. Ele não chupa o limão, nem faz a limonada. Ele espreme o limão nos olhos da vida.

Conceitos de herói à parte, a realidade é uma só: você vai falhar. Você vai errar. Você vai ser rejeitado. Você vai cair. Pode ser uma queda pequena, como um projeto que não deu certo, ou um tombo épico, como perder um emprego ou ver um plano meticulosamente traçado desmoronar. Mas, cedo ou tarde, a queda chega para todos e a única forma saudável de lidar com ela é aceitar a vulnerabilidade como parte do jogo.

O MITO DO LÍDER INFALÍVEL (E A QUEDA DO SUPER-HERÓI)

Quantas vezes vemos líderes tentando sustentar uma imagem inabalável? Criam uma armadura emocional, evitam demonstrar insegurança, empreendem uma comunicação histriônica, escondem dúvidas e nunca, em hipótese alguma, admitem um erro. Mas, na ânsia de parecerem super-homens, acabam se tornando caricaturas de si mesmos. Afinal, um líder que não erra não aprende. E um líder que não aprende, em algum momento, deixa de liderar.

O maior risco de quem se recusa a aceitar a própria vulnerabilidade é que a queda, quando vier, será mais dolorosa. Quanto maior o pedestal, maior o tombo. É o que acontece com CEOs que ignoram tendências de mercado, com atletas ou times que subestimam adversários e com políticos que acreditam estar acima do bem e do mal, transbordando discursos falso-moralistas para agradar e iludir a torcida.

O diferencial de grandes líderes não é evitar a queda, mas saber cair e se reerguer sem perder a dignidade. Se Montaigne, filósofo francês do século XVI, fosse vivo hoje, ele diria que a vergonha não está em cair, mas em permanecer no chão. Ele entendia que a vida é cheia de incertezas e que, por mais que tentemos nos preparar, não há como escapar dos imprevistos. Ele defendia que aceitar a imprevisibilidade é a chave para uma vida mais equilibrada e resiliente.

Então, como nos conforta a sabedoria popular quando caímos: Relaxe! Do chão você não passa.

A ILUSÃO DO CONTROLE ABSOLUTO

Outro grande erro de quem tenta evitar a vulnerabilidade a todo custo é acreditar que pode controlar tudo. A verdade é que a vida sempre encontra uma forma de desafiá-lo. Basta olhar para a história. Napoleão Bonaparte, um dos maiores estrategistas militares de todos os tempos, conquistou metade da Europa, mas subestimou o inverno russo e perdeu tudo. A Kodak dominou o mercado fotográfico por décadas, mas ignorou a ascensão da fotografia digital e nunca mais recuperou a relevância que um dia teve. A Blockbuster menosprezou o streaming e acabou desaparecendo. O que todas essas quedas têm em comum? A recusa em aceitar que o mundo muda e que ninguém é invulnerável.

Para Heráclito, filósofo grego, a mudança é a única constante da vida. Tudo flui, nada permanece igual. Se tudo está em transformação o tempo todo, insistir na rigidez, no medo do erro ou na ilusão de controle é desperdiçar energia. Mais cedo ou mais tarde, a realidade se impõe e derruba aqueles que não estão preparados para se adaptar.

ACEITAR A VULNERABILIDADE NÃO É FRAQUEZA, É INTELIGÊNCIA

Líderes que reconhecem suas limitações se tornam mais humanos e, consequentemente, mais respeitados. Pessoas que aceitam a ideia de que errar faz parte da jornada têm mais coragem para experimentar e inovar. Afinal, se você nunca caiu, talvez seja porque nunca se arriscou o suficiente.

O filósofo existencialista Jean-Paul Sartre defendia que o ser humano está condenado a ser livre – e essa liberdade vem acompanhada da responsabilidade de lidar com erros e fracassos. Fugir disso é ilusão. A vida é um grande palco de escolhas, e cada decisão que tomamos nos coloca diante da possibilidade de errar. Não há progresso sem tentativa e erro.

Outro grande pensador, Karl Popper contribuiu para essa visão ao afirmar que a ciência avança pelo método da falsificação: testamos hipóteses, erramos, corrigimos e seguimos adiante. Aplicar isso à vida é dizer que cada queda é um experimento nos levando a um aprendizado maior.

E COMO PODEMOS LIDAR MELHOR COM OS TOMBOS E RASTEIRAS DA VIDA, JÁ QUE ELAS SERÃO INEVITÁVEIS?

- **Reconhecendo a queda como parte do crescimento** – Se você caiu, significa que subiu, o que já é melhor do que passar a vida inteira no mesmo nível.
- **Parando de sustentar pose de infalível** – Ninguém confia em quem nunca admite um erro. Seja autêntico e as pessoas confiarão mais em você.
- **Aprendendo a lidar com o que está fora do controle** – Até porque controle é uma ilusão e nem tudo depende de você. Gaste energia onde sua influência realmente faz diferença.
- **Praticando a autocompaixão** – Se perdoa os erros dos outros, por que não pode se perdoar um pouquinho também? Mas sem passar demais o pano, tá? O risco de cair na autocomplacência excessiva é grande.
- **Levantando-se mais rápido** – Cair é inevitável, mas ficar no chão é escolha. Aprenda com a queda, ajuste o passo e siga em frente.

Aceitar a vulnerabilidade não significa gostar de cair. Mas entender que quedas fazem parte da vida – e quanto antes nos reconciliarmos com isso, melhor será nossa jornada. Como diria Confúcio, "Nossa maior glória não está em nunca cair, mas em levantar-se a cada queda".

Se ainda não caiu, aceite: você vai cair. A única dúvida é como vai se levantar depois e se terá maturidade de rir de si mesmo e da sua fragilidade após a queda. Humor é limão que sempre arde nos olhos da vida.

Se acha que é invencível, é porque ainda não tomou um tombo de verdade. Não é questão de se você vai cair. É questão de quando e como. Todo mundo cai. A diferença é que uns aprendem e se levantam. Já outros ficam chorando, estatelados no chão. Para tirar o melhor caldo deste capítulo, esprema os "limões" a seguir com sinceridade:

1. Como você lida com suas vulnerabilidades? Prefere escondê-las ou aceitá-las?
2. Quando a vida lhe deu um tombo, o que você aprendeu com isso?
3. Você consegue pedir ajuda quando precisa ou isso é motivo de vergonha para você?
4. Quais desafios você já superou que antes pareciam impossíveis?
5. Você sabe rir de si mesmo ou se leva a sério demais?

5

TUDO FICA OBSOLETO E ISSO INCLUI VOCÊ

“Já que tudo passa, aproveita e deixa essa sua mania de controle passar também.”

#FilosofiaBruta @eduzugaib

Além da morte e dos boletos, a única certeza que temos na vida é que tudo muda – e isso inclui você. O que funcionava ontem pode não dar resultados amanhã, e a sensação de segurança é uma ilusão passageira. O mundo avança, tecnologias evoluem, mercados se transformam e, se você não se adapta, corre o risco de se tornar obsoleto antes mesmo de perceber.

Pense em um grande atleta no auge da carreira. Seus reflexos são rápidos, seu desempenho é impecável, sua força física o coloca acima da concorrência. Mas o tempo não perdoa. A cada ano, um novo competidor mais jovem, mais veloz e mais preparado aparece. Quem se apega ao passado, confiando apenas no talento inicial, cedo ou tarde vê seu nome sair do topo da lista. A questão não é se isso vai acontecer, mas quando. Porque vai acontecer, isso eu garanto.

O EXEMPLO DOS SAMURAIS E A MUDANÇA INEVITÁVEL

Na cultura japonesa, os samurais dominaram o Japão por séculos. Sua disciplina, código de honra e habilidade com a espada faziam deles os guerreiros mais temidos do mundo. Mas a história provou que até os mais habilidosos podem se tornar obsoletos. Com a chegada das armas de fogo e a ocidentalização do Japão no século XIX, a arte da espada deixou de ser suficiente, apesar de toda cultura e honra contidas em sua história.

Muitos samurais resistiram à mudança orientados por um forte senso moral, optando por encarar a realidade imposta pela pólvora com suas reluzentes e afiadas espadas, em batalhas muito sangrentas. Há um filme estrelado por Tom Cruise que já traz o spoiler do resultado dessa transição entre eras no próprio título: *O último samurai*. Pois é... foi o último.

Enquanto muitos samurais morreram massacrados neste processo – bastante questionável, evidentemente, por envolver questões relacionadas a colonização e ocidentalização sobre culturas milenares – muitos dos que sobreviveram se adaptaram à realidade que se impôs, mantendo seus valores vivos em novas atividades como estrategistas, conselheiros e até mesmo empresários.

É triste, é doloroso e não é nada justo, mas o que a história dos samurais nos ensina? Que a realidade quando se impõe não se preocupa com o nosso passado glorioso. O que importa é nossa adaptabilidade ao que vem pela frente.

APRENDIZADO CONTÍNUO: A ÚNICA ESTRATÉGIA DE SOBREVIVÊNCIA

O conceito de aprendizado contínuo não é um modismo corporativo. É uma necessidade existencial. Sócrates já dizia: "Só sei que nada sei". Esse pensamento não significa ignorância, mas uma mentalidade aberta para o novo. Quem acredita que já sabe tudo fecha as portas para o crescimento. Quem entende que há sempre algo a aprender mantém-se em evolução.

Se você já domina determinada habilidade, ótimo. Mas o que está aprendendo agora? O que está fazendo para se preparar para os próximos desafios? O conhecimento é como uma reserva de água: se não for renovado, apodrece.

O IMPACTO DA OBSOLESCÊNCIA NA VIDA PROFISSIONAL

Um exemplo clássico de resistência à mudança é o da indústria de datilografia. Durante décadas, máquinas de escrever foram essenciais no ambiente de trabalho. Mas a chegada dos computadores fez com que essa habilidade se tornasse irrelevante. Quem não se adaptou às novas tecnologias se viu sem espaço no mercado.

Hoje, o mesmo fenômeno acontece com diversas profissões. O que antes era essencial agora pode ser automatizado ou substituído por algoritmos digitais. O contador que não aprende análise de dados, o vendedor que ignora o e-commerce, o líder que não desenvolve inteligência emocional, todos estão sujeitos à obsolescência.

O sentimento não é novo e não faltam exemplos desses pontos de inflexão ao longo da história que obrigaram a humanidade – ou a parte mais atenta dela – a adaptar-se: fogo, roda, agricultura, navegação, prensa gráfica, revolução industrial, rádio, televisão, internet, redes sociais e inteligência artificial. Em cada um, independente da época, o mundo se dividiu entre quem pegou carona na mudança e quem foi atropelado por ela.

E como evitar a própria obsolescência? Se o mundo está sempre mudando, você também deve acompanhar, não por uma questão de luxo e, sim, de sobrevivência com relevância. E o que podemos fazer para garantir que nossa evolução acompanhe o ritmo das transformações?

- **Estar sempre aprendendo** – Leia livros, faça cursos, participe de palestras. Não importa sua área, o conhecimento nunca é demais.

- **Saindo da zona de inércia** – Experimente novas habilidades, encare desafios e esteja aberto a aprender com pessoas mais jovens e inexperientes.

- **Observando as tendências** – O que está mudando no seu setor? Quais novas tecnologias ou metodologias podem impactar seu trabalho nos próximos anos?
- **Investindo na adaptabilidade** – Seja flexível e esteja disposto a mudar de rota. O mundo não vai se ajustar a você, então ajuste-se ao mundo. Nessa luta, eu aposto todas as minhas fichas no mundo.
- **Questionando-se regularmente** – Pergunte-se se a sua profissão ou função deixasse de existir amanhã, você teria outra forma de agregar valor? Se a resposta for "não", é hora de buscar novos aprendizados.

Se a reinvenção é sobrevivência, a obsolescência não é algo que acontece da noite para o dia. Ela é um processo gradual que atinge aqueles que se assentam sobre a própria inércia. No entanto, a boa notícia é que ninguém precisa ficar para trás. Manter-se atualizado, aberto ao aprendizado e disposto a evoluir é a chave para garantir que seu nome continue relevante, independentemente das mudanças que o futuro traga.

Portanto, aceite: tudo fica obsoleto. Inclusive você. Mas, se estiver comprometido com a evolução, esse futuro pode ser mais promissor do que assustador.

Você acha que seu passado de glória o protege do fracasso? Ninguém é insubstituível. Você pode aceitar isso ou descobrir da pior maneira possível. O que te trouxe até aqui não vai te levar mais longe. Nestes tempos ágeis que vivemos, sucesso nos últimos dez anos não garante mais dez meses de relevância. Então, para tirar o melhor caldo deste capítulo, esprema os "limões" a seguir com sinceridade:

1. O que você está fazendo para se manter relevante no seu meio?
2. Como lida com mudanças inesperadas? Se adapta ou resiste?
3. Você atualiza seu conhecimento regularmente ou se ancora no que já sabe?
4. Como reage quando percebe que suas antigas certezas não fazem mais sentido?
5. Você está pronto para reaprender aquilo que pensa já dominar em novas perspectivas?

6

SUA HISTÓRIA VALE MAIS QUE SEUS *STORIES*

"Se a melhor parte do seu dia é o *post* sobre ele, talvez o que te falta não seja engajamento, mas vida de verdade."

#FilosofiaBruta @eduzugaib

Vivemos em tempos de vitrines digitais, onde cada foto, legenda e filtro parece gritar ao mundo: "Vejam como sou feliz, produtivo e bem-sucedido!". O problema é que, muitas vezes, essa felicidade é apenas uma moldura vazia, construída para caber nas redes. A vida real não tem edição de imagem, não permite retoques e, principalmente, não pode ser vivida apenas para aprovação dos outros.

O PARADOXO DA FELICIDADE DIGITAL

O filósofo dinamarquês Søren Kierkegaard afirmava que desde que o humano se conscientiza como humano, ele carrega a angústia, a qual atravessa toda a existência. Ela é o próprio viver, o existir sofrendo a angústia em si mesmo. Porém ele alertava sobre a angústia de viver para os outros, apontando que, quanto mais tentamos agradar o mundo mais nos afastamos da nossa verdadeira essência, individualidade e autenticidade. Hoje, esse dilema se traduz na obsessão por validação digital. A busca incansável por curtidas, compartilhamentos e seguidores cria uma ilusão de realização que, no fundo, só reforça o vazio existencial. E quando a curtida não vem, nos joga numa vala de desimportância que apenas amplia a ansiedade e complexo de rejeição.

Não é incomum ver pessoas transformando suas vidas em um espetáculo permanente, como se cada momento precisasse ser documentado e compartilhado. Não estou falando aqui daquele

1% que transformou esse movimento em um negócio lucrativo, com cada recorte sendo friamente planejado para gerar alcance e atrair publicidades. Estou falando dos outros 99% de pessoas comuns como eu e você, pois acredito que um influencer badalado não tem tempo para ler este livro, já que estará ocupado planejando as próximas postagens. Sendo assim, um jantar não pode ser apenas uma refeição; precisa ser um evento instagramável. Mesmo porque o restaurante já coloca tal espaço como prioridade acima da qualidade do que serve, sempre na esperança de ganhar uma divulgação espontânea. Assim como uma viagem não pode ser um tempo de descanso ou de lazer, tem que render conteúdo a cada meia hora para o *feed*.

Recentemente acompanhei a viagem inteira de amigos que a transformaram em um minidocumentário com capítulos de quinze segundos a cada quinze minutos de passeio. Tudo evaporou em alguns dias, assim como o tempo dedicado a não estar presente de verdade em cada local visitado, e sim observando tudo através da tela do celular. Assim como não há sentido em pagar uma pequena fortuna no ingresso para um show de dimensões apoteóticas e passar sua totalidade gravando vídeos que serão esquecidos em alguma pasta. Nem entrarei em maiores detalhes sobre a bizarrice de se registrar à meia distância, de olhos fechados e em momentos de oração ou de meditação, para não despertar ódio em nenhum fanático, já que alguns parecem ter "contratado" Deus como pistoleiro de aluguel, já que vivem pelas redes ameaçando aqueles com quem não concordam, prometendo despertar a ira divina contra você a partir de sua fervorosa oração.

Voltemos às questões mais amenas: quando as portas do voo entram em automático ao final da viagem, ou quando as cortinas fecham após o espetáculo, o que realmente sobra? O que você realmente leva consigo além de megabites que serão liberados quando seu celular ou sua nuvem atingirem a capacidade máxima de armazenamento?

A vida de acumulador não é fácil, seja no mundo analógico ou no digital.

A CONSTRUÇÃO DE UMA VIDA SIGNIFICATIVA

Os filósofos estoicos, como Sêneca, defendiam que uma vida bem vivida não é aquela cheia de aplausos e validações, mas a que tem propósito e consistência. O problema de basear nossa felicidade na aparência é que, com o tempo, a própria identidade se dissolve. Quem somos quando as câmeras estão desligadas? Quando ninguém está olhando, estamos realmente felizes ou apenas cansados de manter a pose? Como bem vem apontando a Psicologia há algum tempo: não se iluda, pois há muita depressão sorrindo por aí.

O perigo é grande, pois quanto mais vivemos apenas orientados para a aprovação externa, menos vivemos para nós mesmos. Transformamos nossa vida em uma peça de marketing pessoal, onde cada ação é calculada para impressionar. Mas não há propaganda que sustente a falta de propósito real.

O EGO NO BANCO DO PASSAGEIRO

O psicólogo Carl Jung falava sobre a sombra, aquele lado nosso que tentamos esconder dos outros e, muitas vezes, de nós mesmos. Hoje, nossa sombra pode estar oculta sob filtros de selfies e legendas motivacionais. Em vez de lidarmos com nossos desafios e concatenações internas, buscamos refúgio na performance digital, que é cada vez mais rápida e superficial. Afinal, não podemos ficar fora da *trend* do momento, certo?

É preciso um esforço consciente para deixar de lado a necessidade de validação e focar no que realmente importa: o crescimento genuíno. Isso não significa que devemos ignorar o mundo digital, mas usá-lo como ferramenta, não como régua para medir valor.

A ARMADILHA DA FAMA DIGITAL E SEUS EFEITOS COLATERAIS

Nos últimos anos, vimos inúmeras histórias de influenciadores digitais que, ao perderem relevância, enfrentaram crises emocionais severas. Alguns casos emblemáticos incluem estrelas do YouTube e do Instagram que, após anos de popularidade e engajamento massivo, perceberam que sua fama era efêmera e baseada em um algoritmo imprevisível. Muitos desses criadores relataram sintomas de depressão, ansiedade e esgotamento mental ao notarem a queda no número de seguidores e de interações. Outras pessoas com baixa maturidade tentam encurtar o caminho de construir grandes audiências comprando seguidores.

Exemplo disso é o caso de Essena O'Neill, influenciadora australiana que em 2015 abandonou as redes sociais e revelou como a busca por validação a levou a uma espiral de sofrimento emocional. Outro exemplo é o de diversos ex-astros do Vine, plataforma que desapareceu de um dia para o outro, deixando milhares de criadores sem audiência e sem identidade profissional.

Essas histórias são um alerta: construir a vida apenas com base na aprovação digital é tão frágil quanto depender apenas da loteria para pagar as contas. A sua felicidade não pode ser refém de eventos, métricas passageiras ou algoritmos. Eles, sim, é que precisam se ajustar à sua felicidade, sobre a qual falaremos em breve.

O QUE REALMENTE IMPORTA?

Quando olhamos para trás, quais momentos realmente contam? As conquistas silenciosas, os aprendizados difíceis, os laços construídos ao longo do tempo. A vida real não acontece no feed; ela existe nos bastidores, na disciplina diária, nos fracassos que ensinam, nos momentos vividos sem a necessidade de exibição, mesmo que sua profissão seja a de influenciador ou influenciadora.

Algo bem colocado por Jout Jout; influenciadora brasileira que, em 2022, despediu-se de seu canal com milhões de inscritos, anunciando o fim de seus conteúdos. Ela afirmou que parou de fazer vídeos por várias razões, sendo a mais importante de que não tinha mais assuntos para abordar à época. Detalhe: estamos falando de alguém que viveu financeiramente disso e acabou se afastando do mundo virtual para acumular vida vivida de verdade. Ou seja, encheu o tanque e voltou com uma perspectiva renovada. Quando alguém que faz parte do 1% toma uma atitude assim, ajuda a clarear um pouco o horizonte e a amenizar a ansiedade dos outros 99%.

Nos anos 1990, o filósofo Zygmunt Bauman introduziu o conceito de "modernidade líquida", na qual tudo é passageiro e descartável. Isso nunca foi tão evidente como agora. A busca por validação instantânea cria relações frágeis e objetivos voláteis. O desafio é construir algo sólido, que tenha significado real e não apenas visual.

E o que podemos fazer para construir uma história que valha a pena viver e que renda mais satisfação do que nossos *stories*?

1. **Desativar a necessidade de validação constante** – Curtidas não pagam contas nem garantem felicidade, a menos que seu negócio seja esse e você faça parte do 1%. Viva mais para si e menos para a aprovação alheia.

2. **Praticar o anonimato produtivo** – Nem tudo precisa ser publicado. Aprenda a crescer em silêncio, longe dos holofotes. Inclusive em seus momentos de fé ou de meditação, cuja conexão genuína não se mede em megabites por segundo.

3. **Investir no seu desenvolvimento real** – Cursos, leituras, conversas profundas, cafés e experiências valem mais que qualquer status on-line. Além de ajudar a controlar a ansiedade, um dos grandes males do nosso século.

4. **Atenção à energia mental** – Redes sociais podem ser ótimas, mas também sugam tempo e energia. Use-as com moderação e intencionalidade.

5. **Construir algo que dure além do digital** – Suas conexões, suas memórias, seu legado não podem depender apenas de uma tela.

A sua vida não tem edição. Se existe um conselho para quem quer construir uma história significativa, ele é simples: foque o que é real. Redes sociais vêm e vão, mas aquilo que você constrói com autenticidade permanece. Demita seu ego do departamento de marketing pessoal e coloque-o para trabalhar na construção de uma vida que faça sentido para você – e não apenas para os outros.

Vale o alerta, pois essa inquietação não tem o sentido de demonizar nada nem ninguém. O problema não é postar sua vida, mas sim quando ela só existe porque você postou.

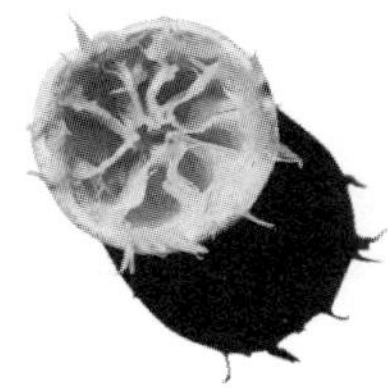

Você vive para postar ou posta para fingir que vive? Sua *timeline* pode até impressionar os outros, mas o vazio que sobra é só seu e vai dormir contigo todas as noites. *Likes* não aquecem cama, seguidores não substituem presença e *stories* desaparecem em algumas horas. Então, para tirar o melhor caldo deste capítulo, esprema os "limões" a seguir com sinceridade:

1. Você está vivendo a vida ou apenas editando uma versão para os outros verem?
2. Se suas redes sociais deixassem de existir amanhã, sua vida continuaria fazendo sentido?
3. Você está colecionando memórias reais ou apenas momentos para exibição?
4. Seu propósito está alinhado com suas ações diárias?
5. O que realmente importa para você além da validação externa?

7

SOMOS EM PARTE CAUSA E EFEITO

“O acaso sempre bagunça o jogo. Mas quem escolhe se vai aprender as regras ou passar a vida reclamando do baralho é você.”

#FilosofiaBruta @eduzugaib

Tudo o que somos hoje, em considerável medida, é consequência das escolhas que fizemos ontem. E tudo o que seremos amanhã será, inevitavelmente e em considerável medida, reflexo do que estamos fazendo agora. O problema é que no decorrer automatizado e tarefeiro dos nossos dias, não nos damos conta desse encadeamento lógico entre ação e resultado. Queremos grandes mudanças sem alterar os pequenos hábitos que nos trouxeram até aqui. Desejamos um futuro melhor, mas resistimos ao desconforto de plantar as sementes necessárias no presente e de cultivá-las corretamente, delegando ao tempo ou à ação de terceiros as nossas possibilidades:

"Um dia, quem sabe, eu começo..."

"Se fulano fizesse isso, eu conseguiria aquilo..."

A verdade é brutal, o amanhã está sendo escrito agora e ao menos uma das canetas responsáveis por isso está na sua mão. Pode até ser redigido num papel que não goste muito, que não é confortável, ou que é áspero demais..., mas uma das canetas que o riscará está na sua mão. A inquietação que fica é se você está escrevendo algo que vale a pena ser lido.

O EFEITO BORBOLETA DAS NOSSAS ATITUDES

Edward Lorenz, meteorologista e matemático, formulou, na década de 1960, a teoria do caos e o conceito de efeito borboleta: pequenas ações podem gerar grandes consequências. Uma borboleta batendo as asas no Brasil pode, teoricamente, causar um furacão no Texas. No campo da vida real, nossas ações – por mais insignificantes que pareçam diante de cenários críticos – têm o poder de transformar ou ao menos influenciar destinos para melhor ou pior.

Uma conversa pode mudar a vida de alguém. Uma decisão aparentemente irrelevante pode alterar o rumo de uma carreira. Uma pessoa que lhe é apresentada no aniversário de um conhecido pode ajudar definir sua vida. Essas são ações eventuais que criam pontos de inflexão e mudança, o acaso agindo e, de certa forma, criando sincronismos até então improváveis. Aquilo que é conhecido como serendipidade – e que combina acaso, sorte e criatividade – pode acontecer com qualquer um em momentos de descoberta inesperada. Porém, é possível passar a vida desejando um momento assim, perfeito e definidor? Deixo a resposta para você. Por estar comigo até aqui, e já me conhecer um pouco, dá para imaginar qual seria a minha percepção disso. Em seu livro *Armadillo*, o autor escocês Willian Boyd cunhou uma palavra que é tida como oposto da serendipidade: a zemblanidade, que explica os eventos azarados, indesejáveis, previsíveis e redutores de nossa potência, aquelas "tempestades perfeitas" às quais costumamos dar o nome de infortúnio.

Gostaria de acreditar no oposto da serendipidade, não na perspectiva de um evento ser bom ou ruim, mas na perspectiva da consistência ao longo do tempo, naquele hábito potencializador que pode influenciar uma trajetória inteira se repetido. Quer um exemplo prático? Pense nos atletas olímpicos: uma medalha de ouro não é resultado de um único esforço, mas da regularidade de treinos diários, disciplina alimentar, dedicação e ajustes constantes. Isso vale para qualquer campo da vida.

Se você quer se tornar um profissional de referência, uma liderança inspiradora ou simplesmente uma pessoa melhor precisa começar em algum momento, especialmente se a serendipidade não vai muito com a sua cara. Ou, falando o português mais claro possível: especialmente se você não nasceu com a bunda virada para a lua. O simples começar já afeta o futuro em algum grau, já representa um bater de asas da nossa borboleta caótica. Porém, o mais importante é permanecer na jornada, mesmo quando os resultados não forem imediatos, porque para tudo aquilo que se pretenda perene e sustentável é assim que funciona. O nome do jogo é regularidade e nosso compromisso com ela, inclusive diante de todos os fatores que jogam contra.

O LEGADO DAS PEQUENAS ESCOLHAS

Os filósofos estoicos, como Marco Aurélio e Epiteto, enfatizavam a importância do presente como único tempo sobre o qual temos controle. Segundo eles, não adianta lamentar o passado ou temer o futuro. O que importa é o que se faz hoje.

Imagine que você tem um campo vazio. Se não plantar nada, ervas daninhas tomarão conta. Se plantar qualquer coisa e não cuidar, o mato crescerá junto e estragará a colheita. Mas se plantar boas sementes e regar com disciplina, fertilizar corretamente, conhecer e ajustar os minérios do terreno quando necessário, terá uma safra satisfatória.

Essa metáfora se aplica a qualquer aspecto da vida. Quer um casamento feliz? Cultive diálogo e presença, para que seja eterno ao menos enquanto dure. Quer um corpo saudável? Cuide da alimentação, movimente-se e atente-se aos ciclos naturais da vida, que também afetam os resultados. Quer ser um profissional respeitado? Estude, aprenda, desaprenda, reaprenda e entregue resultados satisfatórios, além de construir boas e cooperativas relações – já que, nessa vida, sozinho não conseguirá nem ser corno.

Nada acontece por acaso. A serendipidade pode até dar uma forcinha de vez em quando. Mas antes precisamos dar uma forcinha para ela, ampliando as probabilidades a partir da nossa regularidade. Um exemplo prático que conversa com muitas áreas diz respeito às vendas. Quanto mais potenciais clientes conhecerem o negócio, mais eles entrarão de forma ativa ou passiva no funil de vendas. Um aumento que, invariavelmente, impacta a quantidade de produtos vendidos no final.

O problema é que muitos querem a colheita sem o plantio. Desejam a sabedoria sem o estudo, clamam por prosperidade sem o esforço, querem ter credibilidade sem ter coerência. Mas o mundo não funciona assim.

CAUSA E EFEITO NA VIDA PROFISSIONAL E PESSOAL

1. A ilusão da meritocracia absoluta

Sim, esforço e dedicação fazem diferença. Mas ignorar o contexto e os privilégios de uns em detrimento de outros seria ingenuidade. Devido aos inúmeros recortes socioeconômicos, demográficos e de diversidade que afetam a sociedade, algumas pessoas começam em posições mais vantajosas. Outras, enfrentam desafios que exigem o triplo ou mais de energia para chegar ao mesmo lugar, o que se soma muitas vezes à escassez de tempo livre para se empenhar em projetos e aspirações.

Ainda assim, há um ponto inegociável: independentemente da posição de partida, ninguém constrói nada sólido sem compromisso com o próprio desenvolvimento. Esse ponto também afeta o lado mais privilegiado da vida: herdar uma empresa sem preparo para administrá-la pode ser um caminho sem volta para a falência. Assim como nascer com um talento específico e não o treinar, mesmo com condições para tal, é a certeza de ser superado por quem, em condições iguais ou até menores, acabou se dedicando mais. Logo, meritocracia seria uma realidade se os pontos de partida fossem iguais. Mas não são. Então, enquanto estamos longe daquele ideal equilibrado entre as oportunidades na largada, o que resta? Insistir, insistir e insistir, dentro das condições que tem e não tem, inclusive se aliando a outros tantos para influenciar a probabilidade o mínimo que seja. Mesmo que não alcancemos um hipotético topo, ao menos teremos conquistado um deslocamento em relação ao nosso ponto de partida. Fácil? Não. E nem um pouco romântico.

2. PEQUENAS CONCESSÕES MOLDAM GRANDES FRACASSOS

Ninguém destrói sua vida ou sua carreira de uma vez só, assim como um acidente aéreo não ocorre por uma única razão, mas por uma sequência de fatores. As grandes quedas geralmente começam com pequenas negligências:

- O profissional para de estudar porque já "sabe o suficiente";
- O relacionamento se deteriora porque o diálogo foi deixado para depois;
- A saúde se perde porque "só hoje" não vai à academia.

O erro isolado não faz estrago. Mas a repetição de pequenos deslizes cria a decadência silenciosa e as condições ideais para a tragédia.

3. PEQUENOS ESFORÇOS MOLDAM GRANDES RESULTADOS

Por outro lado, os grandes acertos também nascem de pequenas escolhas sustentadas ao longo do tempo. O livro lido hoje melhora o repertório e a argumentação amanhã. As relações profissionais construídas hoje podem abrir portas daqui a alguns anos. O hábito de economizar um mínimo que seja pode favorecer certa tranquilidade financeira no futuro ou, no mínimo, amenizar algum perrengue logo adiante.

O problema é que a maioria das pessoas desiste antes que o efeito acumulativo aconteça, reflexo da era de gratificação instantânea em que vivemos, na qual queremos tudo para ontem. Só que excelência se constrói a longo prazo.

OS TRÊS TIPOS DE PESSOAS DIANTE DA REALIDADE

Diante dessa lógica de causa e efeito, percebo que as pessoas costumam reagir de três formas. E desculpe lembrar: as características a seguir estão contidas em nós mesmos, revelando-se em diferentes momentos da nossa vida.

1. **As que culpam o destino** – Acreditam que tudo é sorte ou azar. Quando algo dá errado, apontam culpados externos. Vivem esperando que a vida crie condições favoráveis, sem observar o que podem mudar nelas mesmas para, ao menos, influenciar um pouco a realidade.

2. **As que sabem, mas não aplicam** – Leem livros, participam de cursos, assistem palestras, decoram frases, gastam uma fortuna em imersões repletas de catarses, decoram fórmulas e sabem o que deveriam fazer, têm condições de fazer o que é preciso..., mas não fazem. Falta atitude.

3. **As que entendem e agem** – Compreendem que não controlam tudo, mas que sempre há algo ao seu alcance. Decidem e executam, erram e acertam, influenciam o tempo como podem, ao mesmo passo que aceitam que o processo leva tempo e isso pode variar de um para outro, conforme a realidade de cada indivíduo.

O primeiro grupo é refém da vida. O segundo, alimenta ilusões. E o terceiro, é aquele que tem alguma capacidade de influência sobre a própria realidade.

E como podemos fazer para tentar influenciar um pouco o futuro, já que controlá-lo é ilusão?

- **Agir, mesmo sem motivação** – A motivação é instável e está condicionada a fatores não controlados. Se depender apenas dela, não haverá ação nenhuma. O que move o mundo é disciplina e engajamento.
- **Questionar sempre nossas desculpas** – O cérebro sempre tenta justificar a inércia. Se perceber que está dizendo com frequência "não dá tempo", "não é pra mim" ou "depois eu vejo" e até se paralisar ao afirmar que "eu sei o meu lugar", cuidado. A consciência de "saber o próprio lugar" existe para desafiá-lo, caso seja o desejo. Se não, aceite onde está sem reclamar.
- **Aprender com os erros alheios** – Não há tempo para cometer todos os erros possíveis. Logo aprenda a aprender com os acertos e falhas dos outros. Além de doer menos, pode ajudar a queimar etapas.
- **Construir hábitos pequenos, mas consistentes** – Não tente mudar tudo de uma vez. Pequenas mudanças diárias são mais eficazes do que tentativas grandiosas e curtas.
- **Sendo intencional nas nossas ações** – Pergunte-se sempre: "Essa escolha que me compete me aproxima ou me afasta do futuro que desejo?" Se afasta... então por que raios você ainda a mantém?

Não sei se você já percebeu que o futuro é agora. A ponta mais próxima dele encontra-se na sua frente. Se há algo que a *Filosofia bruta* nos ensina, é que o futuro não é um evento distante e subjetivo. Ele acontece agora, nas pequenas escolhas de cada dia, naquele metrinho quadrado de futuro que está aí na frente, onde você vai dar o próximo passo.

Seja no campo pessoal ou profissional da vida – já que ela é uma coisa só com diversos "campos" –, você não pode controlar tudo, mas pode influenciar o que estiver ao alcance interferir para que sua trajetória não seja um reflexo do acaso, fruto da aleatoriedade.

Não espere a "grande mudança" cair do céu. As que realmente importam são aquelas que você provoca, um dia de cada vez, na medida em que consegue influenciar recursos primários como tempo, conhecimento, saúde e relações.

No fim, sua vida será a soma de como agiu, reagiu e o que fez com o que lhe aconteceu. É preciso interferir como arquiteto, e não apenas compor a paisagem.

Achar que controla tudo é uma ilusão, mas fingir que não tem responsabilidade é covardia. O meio te afeta, mas você sempre tem um jeito de responder. Você não pode decidir tudo que acontece, mas pode determinar o que faz com isso. Aí está a diferença entre quem constrói a vida e quem só varre os cacos. Então, para tirar o melhor caldo deste capítulo, esprema os "limões" a seguir com sinceridade:

1. As escolhas que fez no passado – conscientes ou não – ajudaram a trazer você para onde queria estar?
2. O que você precisa decidir hoje que terá impacto positivo no futuro?
3. Você se responsabiliza em alguma medida pelos seus resultados ou sempre culpa fatores externos?
4. Quais pequenas atitudes você pode empreender agora para influenciar um futuro melhor?
5. Se todos os cenários fossem favoráveis e o futuro dependesse apenas do que você faz hoje, como ele seria?

8

PASSADO É HISTÓRIA, FUTURO É ABSTRAÇÃO

"O ontem não volta e o amanhã não chega mais rápido só porque você quer. Então, talvez seja uma boa ideia parar de esperar a vida começar."

#FilosofiaBruta @eduzugaib

A vida acontece no presente, mas nossa mente vive em uma eterna gangorra entre o passado e o futuro. Remoemos o que já aconteceu e projetamos o que pode (ou não) acontecer. No entanto, a única coisa que realmente temos é o agora. O passado já foi, o futuro ainda não veio, e o presente é a única ferramenta com a qual podemos interagir.

Parece óbvio, mas na prática é um dos maiores desafios da vida. Como conciliar aprendizados do passado sem ficar preso a ele? Como planejar o futuro sem viver apenas na ilusão do que está por vir?

A resposta está no equilíbrio.

O PASSADO É UM PROFESSOR, NÃO UMA ÂNCORA

Nietzsche dizia que "o futuro influencia o presente tanto quanto o passado". Isso significa que nossa percepção sobre o que está por vir molda as decisões tanto quanto as experiências anteriores. Mas, se não soubermos dosar essa relação, podemos cair em duas armadilhas: viver paralisado pelo que já aconteceu ou projetar o futuro sem nunca agir no presente. Para Nietzsche, o trabalho dos filósofos e líderes do passado foi apenas um meio para algo maior: a construção do futuro. Ele via a história como uma criação humana, não como um destino fixo. E, ao contrário do que muitos pensam, Nietzsche não acreditava que quem esquece o passado está condenado a repeti-lo. Para ele, o verdadeiro risco era justamente o oposto: ficar preso ao passado e permitir que ele limite a capacidade de criar algo novo. Sabe quando você diz que "no meu tempo é que era bom"? Pois é. O passado tem valor, mas apenas quando o usamos como referência e não como uma cela emocional. O problema acontece quando ficamos retidos nele, seja romantizando tempos melhores, carregando culpas e arrependimentos ou, simplesmente, desconsiderando o "espírito do tempo" que vivemos – o chamado *zeitgeist* – passando a torturar o presente, para que ele caiba na moral de um passado mais agradável ou que converse melhor com nossas crenças. E a questão é: na linha da história, até o nosso passado tem um passado. Outro dia republiquei em uma rede social o vídeo de um pai e um filho que tocavam violão em dois momentos: um quando o menino ainda era um bebê, com um violãozinho de brinquedo e outro dez anos depois, com a criança já performando melhor o instrumento. Em ambos, a mesma música: *Don't let me down*, dos Beatles, o que criava em poucos segundos a sensação de passagem do tempo e evolução. Muita gente que curtiu e compartilhou se ateve a isso. Outro tanto, porém, iniciou a condenação moral das músicas e artistas atuais, assegurando que "aquilo sim era música de qualidade". Uma ancoragem no tempo que lhes parecia fazer mais sentido, talvez até por memória afetiva, que nos leva a crer que "no meu tempo é que era bom, as coisas tinham qualidade e o mundo não estava perdido como hoje". Um pequeno porém reside justamente aqui, no passado que passou antes do nosso passado: qualquer pesquisador de música ou de cultura sabe que os Beatles enfrentaram à sua época as mesmas críticas de "bom mesmo era na minha época". Ou seja, antes do surgimento dos Beatles o mundo era povoado por artistas que já tinham sumido de cena, como Bing Crosby, Duke Ellington, Vicente Celestino, Carmen Miranda e Francisco Alves. Na infantilidade humana de lidar bem com a própria história em contraposição com o presente "o meu passado sempre será melhor que o seu, tá? Belém, Belém..."

Esse apego ao passado contém outros riscos além dessa ancoragem que até carrega certa carga de orgulho: muitas vezes podemos sofrer de um fenômeno psicológico chamado ruminação, um ciclo de pensamentos repetitivos sobre eventos antigos, erros cometidos ou oportunidades perdidas. Isso pode gerar sentimento de frustração e impedir avanços. A chave está em aprender com o passado e honrá-lo, mas sem reverenciá-lo demais e sem morar nele.

O FUTURO É UMA POSSIBILIDADE, NÃO UMA GARANTIA

Enquanto o passado pode nos prender, o futuro pode nos iludir. Vivemos numa cultura de projeção, na qual tudo parece girar em torno do que *ainda* vamos conquistar: a promoção que virá, a felicidade que será alcançada quando tivermos mais dinheiro, o bem-estar de quando as coisas melhorarem.

Só que o futuro nunca chega. Ele está sempre um passo à frente, como naquela batida – e simplista - imagem da motivação: a cenoura amarrada à vara, que está amarrada ao burrinho que nunca a alcança, justamente porque avança. O sentido é fazê-lo andar pensando que um dia vai alcançá-la. Isso nos faz viver em um eterno adiamento da felicidade, colocando todas as fichas na perspectiva de um evento futuro, em um amanhã incerto, enquanto deixamos de equacionar e superar as pequenas tristezas e de perceber e valorizar as pequenas conquistas de hoje.

O filósofo estoico Sêneca já dizia: "Apressamo-nos para o futuro sem perceber que ele será o presente quando chegar. E então, também o ignoraremos." Ou seja, se não aprendermos a viver na consciência do presente, nunca estaremos satisfeitos, porque quando o futuro chega, ele se torna o novo presente – e a busca recomeça.

PRESENTE: O ÚNICO LUGAR ONDE A VIDA ACONTECE

O presente é o ponto de encontro entre o passado e o futuro. É aqui que colhemos os aprendizados de ontem e plantamos as sementes de amanhã. Quem não compreende isso vive como fantasma da própria vida: ou assombrado pelo que passou ou obcecado pelo que está por vir.

Culturas orientais sempre deram grande ênfase à importância de viver o momento atual. O conceito de *mindfulness* ensina a atenção plena: estar inteiro no agora, sem carregar o peso excessivo do passado ou as ansiedades do futuro.

Um exemplo curioso da cultura japonesa vem através da expressão *ichigo ichie* que significa "um encontro, uma chance". *Ichigo ichie* surgiu da cerimônia do chá e é especialmente associada aos mestres Sen no Rikyū e Ii Naosuke. A história conta que Ii Naosuke, que viveu de 1815 a 1860, fazia seu chá todos os dias como se fosse o último. Você nem precisa gostar de chá, mas precisa reconhecer que a ideia é poderosa: tudo o que realmente importa acontece agora. Faço algo parecido aos domingos, no café da manhã: um ritual sem pressa e com atenção plena na preparação do melhor cuscuz recheado da minha vida, consciente que um dia ele será o último.

E quanto será que dura o presente, para que eu possa aproveitá-lo da melhor forma? Recomendo que o aceite na perspectiva mais lucrativa, que continua sendo a da Filosofia. Nela, o presente pode ser visto como uma interseção entre passado e futuro. Santo Agostinho descreveu três presentes: o "presente" das coisas passadas (a memória), o "presente" das coisas presentes (a intuição direta) e o "presente" das coisas futuras (expectativa). Isso sugere que o presente é uma construção mental que abrange mais do que um instante específico.

Na perspectiva da Psicologia, o presente é o intervalo de tempo que nossa consciência consegue processar como "agora". Estudos indicam que nossa percepção do presente pode abranger alguns segundos, permitindo-nos integrar informações sensoriais dentro de uma certa coesão. No entanto, essa duração pode variar dependendo do contexto e do estado mental do indivíduo.

Já na perspectiva da Física, as coisas pioram um pouco e tudo se torna ainda mais urgente, já que o tempo é considerado uma dimensão contínua, e o conceito de "presente absoluto" é questionado. A teoria da relatividade de Einstein sugere que o tempo é relativo ao observador, e não há um "agora" universal que todos compartilhem simultaneamente. Isso implica que o presente, como um instante universal, não existe de forma absoluta. Aí complicou, hein?

Independente dos diferentes graus de "tempo *versus* urgência" da Filosofia, da Psicologia e da Física, a realidade é que poucas pessoas de fato vivem o presente. A maioria está distraída demais, ocupada demais, ansiosa demais. Quando não estão presas ao que já aconteceu, estão planejando o que ainda pode acontecer, sem perceber que cada dia é, em si mesmo, uma oportunidade de renovação.

"TÁ... E EU COM ISSO?"

Você com isso? Bem, pense nas grandes decisões da sua vida: o que faz hoje é guiado mais pelo peso do que já passou ou pela ansiedade do que ainda virá? Se você tivesse que recomeçar sua história do zero, sem passado para arrastar e sem garantia de futuro, o que mudaria?

A verdade é que, no fundo, todo dia é um "ano novo" pessoal. E a única coisa que temos para garantir um futuro melhor não é esperar que ele venha, mas agir no presente, inclusive fazendo as pazes com a rotina e assumindo maior consciência e possibilidade de ação e mudança a partir dela.

Se você quer um futuro diferente, precisa começar a construí-lo agora. E para isso, precisa escolher viver o momento em vez de apenas reagir a ele por osmose, ou seja, empenhando o mínimo de atenção, intenção e intencionalidade.

Então, como podemos começar a viver de verdade o presente e menos no passado ou futuro?

1. **Desenvolvendo a consciência do agora** – Reserve momentos do dia para se perguntar: "O que estou vivendo agora?" e "Estou realmente presente?".

2. **Libertando-se da prisão do passado** – Pegue um erro ou arrependimento e pergunte-se: "O que posso aprender com isso de uma vez e como posso seguir em frente?".

3. **Projetando o futuro, mas sem se perder nele** – Planejar é necessário, mas a ação é urgente. Divida grandes metas em pequenas atitudes que você pode começar hoje.

4. **Reduzindo distrações** – O excesso de informação e entretenimento digital nos faz perder a noção do presente. Estabeleça momentos sem notificações, sem redes sociais e sem dispersões.

5. **Praticando o "ano novo diário""** – Não espere o réveillon para mudar. Todo dia é uma chance de recomeço. O que você pode fazer hoje que seu futuro agradecerá?

Se o passado te assombra e o futuro te apavora, talvez o problema não esteja no tempo, mas no que você faz com ele. A vida não acontece nos "arquivos" do passado, nem nos "rascunhos" do futuro. Ela está acontecendo agora. O passado é história, e o futuro é apenas uma ideia. O que importa é o que você está fazendo nesse exato momento.

Viva, escolha, arrisque. Não espere o futuro chegar para perceber tardiamente que o presente era tudo o que você tinha. O tempo, assim como o dinheiro, não leva desaforo para casa.

Quem vive olhando demais para o passado vira refém da nostalgia. Quem vive olhando só para o futuro vira escravo da expectativa. Quem ignora o presente acaba sem história nenhuma. E se tudo que faz é chorar pelo que perdeu e sonhar com o que pode ganhar, parabéns: você virou um espectador passivo do tempo e da vida. Então, para tirar o melhor caldo deste capítulo, esprema os "limões" a seguir com sinceridade:

1. Você está preso ao que já passou ou está construindo algo genuíno no presente?
2. O que pode fazer hoje que terá valor daqui a um ano?
3. Suas preocupações com o futuro estão te paralisando ou te impulsionando?
4. Você vive o agora ou está sempre esperando a "hora certa" para agir?
5. O que você pode fazer agora para tornar seu presente mais significativo?

9

TODA CERTEZA CEGA E EMBURRECE

"O problema não é ter opinião. Problema é ter uma cabeça tão dura, pequena e impermeável que se torna impossível caber nela um segundo pensamento."

#FilosofiaBruta @eduzugaib

Vivemos tempos em que a polarização se tornou a régua com a qual muitos medem a si mesmos e ao mundo. O problema dessa régua? Ela não tem meio-termo. Ou é tudo ou nada, preto ou branco, certo ou errado. E, nesse jogo de extremos, a inteligência vai minguando. A dualidade pode ser útil em algumas situações, mas quando passa a ser a única forma de enxergar a realidade, ela nos empobrece, mata o senso crítico e reduz o campo de visão. Isso nos força a viver num eterno estado de dissonância cognitiva, nos obrigando a torturar a realidade para que ela caiba em nossas crenças, justificando-as para nós mesmos. Dissonância cognitiva é como usar insistentemente um sapato de número apertado porque gostamos dele. Com o tempo, acreditamos que o sapado laceou, quando na verdade foram nossos pés que deformaram para caber ali dentro.

O PERIGO DO PENSAMENTO BINÁRIO

O pensamento dicotômico funciona como um interruptor: ligado ou desligado, o certo ou o errado (conforme o próprio ponto de vista, evidentemente), o 8 ou o 80. Só que a vida real acontece entre esses extremos. Aristóteles, que viveu entre os anos 384 a.C. e 322 a.C., já afirmava que a excelência se encontra no equilíbrio. Para ele a Virtude do Meio é o princípio de que a Eudaimonia – ou a felicidade plena que, trazendo para os dias atuais seria a vida com excelência – encontra-se entre dois extremos: o excesso e a deficiência. Ser corajoso não é abraçar o extremismo e, sim, a capacidade de caminhar entre a temeridade (excesso) e a covardia (falta). Sidarta Gautama, o Buda (563 a.C. e 483 a.C), já falava sobre o Caminho do Meio, que surgiu da sua experiência ao perceber que tanto os prazeres sensoriais excessivos quanto a autonegação extrema (ascetismo rígido) eram prejudiciais à iluminação. Ele propôs o caminho equilibrado, baseado na moderação e na prática da sabedoria, ética e disciplina mental. Mas parece que nos tempos atuais essa ideia foi descartada como obsoleta.

O problema desse tipo de pensamento é que ele não permite a construção do 88, aquele primeiro passo convergente de soma simples em que ampliamos as possibilidades de ouvir, refletir e construir algo melhor a partir do simples reconhecimento do outro. Ou, melhor ainda, a busca do 640, onde as possibilidades se ampliam consideravelmente quando pontos de compreensões opostas da realidade se tocam e se multiplicam. Em vez disso, insistimos em dividir o mundo entre bons e maus, heróis e vilões. Adivinha só? Sempre nos colocamos como os mocinhos e mocinhas da história, lutando contra um mal que, do lado de lá do balcão, somos nós quem o representamos.

O maniqueísmo, essa tendência de enxergar tudo como uma batalha entre o bem e o mal, só fortalece nossa própria bolha. Como se estivéssemos em um filme da Marvel, nos identificamos com os mocinhos, enquanto aqueles que pensam diferente são os vilões. Isso não apenas limita a visão de mundo, como destrói pontes de diálogo.

O PARADOXO DA CONECTIVIDADE: DO OCEANO ÀS BOLHAS

Nunca estivemos tão conectados e, paradoxalmente, tão isolados em bolhas de pensamentos. A internet deu acesso a um oceano de informações, mas os algoritmos nos mantêm presos em pequenas correntes marítimas que nos empurram sempre para os mesmos lugares. Vemos o que queremos ver, ouvimos o que queremos ouvir e convivemos apenas com quem pensa como nós.

A sabedoria popular já alertava para esse perigo: "Pior que não ler nenhum jornal é ler apenas um". Isso vale para livros, programas de TV, filmes, estilos musicais, viagens e qualquer outra forma de conhecimento. A limitação na exposição ao diferente é um dos maiores riscos da era digital. Quando a bolha se fortalece, o pensamento crítico enfraquece. A vida empobrece e passamos o tempo que nos resta perseguindo "inimigos" que habitam mais nas nossas crenças e vieses do que na realidade propriamente dita. Chato não? E sabe o mais chato ainda? Muita gente já percebeu como lucrar com isso, o que reforça outro dito de sabedoria popular bastante praticado hoje em dia nas redes digitais: "Todo dia um malandro e um otário acessam a internet. Quando eles se encontram, sempre sai negócio".

DISSONÂNCIA COGNITIVA: QUANDO A REALIDADE PRECISA SE ENCAIXAR NA CRENÇA

Leon Festinger, psicólogo e pesquisador da cognição humana, definiu em 1957 o conceito de dissonância cognitiva como o desconforto que sentimos quando nos deparamos com informações que contradizem nossas crenças. Em vez de confrontar a realidade e ajustar a visão de mundo, muitas vezes os fatos são distorcidos para que se encaixem no que se acredita.

Isso explica por que algumas pessoas se apegam a teorias da conspiração, negam evidências científicas ou simplesmente ignoram informações que não corroboram suas convicções. A mente humana, para evitar esse desconforto, busca justificativas para manter a coerência interna ainda que isso signifique distorcer a realidade, se apoiando em falsas simetrias para desacreditar o outro lado, especialmente quando ele está mais embasado. A falsa simetria ocorre quando duas ideias, situações ou pontos de vista são apresentados como se tivessem o mesmo peso, validade e importância, inclusive quando há um grande desequilíbrio de conteúdo ou de lastro na realidade entre eles. É quando a opinião se sobrepõe à realidade dos fatos apurados cientificamente, frequentemente usada para relativizar problemas graves, dar credibilidade à desinformação e confundir a opinião do entorno.

Esse fenômeno é especialmente perigoso quando aplicado à polarização política, religiosa e social. As pessoas deixam de considerar pontos de vista alternativos e reforçam suas certezas a partir de bolhas de informação que só confirmam o que já acreditam, onde o "eu acho" da opinião pessoal sempre vem fantasiado de certeza, enquanto no Caminho do Meio, tanto de Aristóteles quanto de Buda, a dúvida e o contínuo questionamento é o que nos fazem seguir evoluindo. O resultado? Um mundo fragmentado, onde o diálogo é substituído pelo ataque e a reflexão pelo eco de vozes iguais.

Como bem definiu o escritor Alan Deutschman, em seu livro *Change or Die*, nós "pegamos os fatos e os encaixamos nas estruturas mentais que já possuímos. Quando não se encaixam, tendemos a questionar se realmente são fatos, ou a desconsiderar as informações e, de algum modo, insistir naquilo em que queremos acreditar. Isso isola o indivíduo, e dentro desse isolamento ele se realimenta daquilo que produz, e produz mais desse material, convencendo-se de que: "Assim é, porque assim me parece".

Platão também explicou um pouco disso através do Mito da Caverna. Trazendo essa alegoria para os dias atuais, podemos incrementá-la (perdoe-me a ousadia, Platão) e renomear a Caverna como a Sala das Certezas. Sabe quando você se encontra em um ambiente no qual entrou quando o dia estava claro e ali passou algumas horas lendo, usando o computador ou se concentrando em alguma outra atividade sem se dar conta que o fim de tarde chegou, o sol já está se pondo e o lusco-fusco começou a tomar conta, deixando o local num limbo de luminosidade nem claro nem escuro? Você continua lendo, sua pupila se ajusta automaticamente para buscar o que resta de luz natural. Até que alguém entra na sala e acende a luz. Só então você se dá conta da escuridão em que submergiu sem perceber, a escuridão da certeza que não deixa nenhum outro espaço para a dúvida.

Assim são nossas crenças: o conjunto de certezas no qual estamos imersos há algum tempo e ao qual nos ajustamos ao incômodo porque, apesar dessa dor, ele nos "protege". Logo, abrir a mente a outras possibilidades, por mais que as atuais sejam convenientes, é um exercício de flexibilidade, de maturidade e da contínua conclusão socrática frente ao Oráculo de Delfos. Quando este afirmou que o filósofo era o mais sábio dos homens gregos, Sócrates teria questionado tal condição, pois havia outras autoridades reconhecidas por seus notórios saberes na sociedade grega. Além de não se envaidecer com a bajulação, o filósofo também afirmou com humildade intelectual que, apesar de ser lembrado por sua sabedoria, ele não sabia nada de fato. A frase "só sei que nada sei" reflete a busca pela ampliação da consciência acerca daquilo que temos como certeza, o questionamento constante das nossas crenças e conhecimentos estabelecidos que, quando enrijecem na forma de polarizações ou de pensamentos dicotômicos (ou isso, ou aquilo) e nenhum tom de possibilidade de discussão construtiva a mais entre as opções, apenas nos torna impermeáveis à vida e toda experiência que transcorre dela.

AMBIDESTRIA ORGANIZACIONAL: REMÉDIO CONTRA A OBSOLESCÊNCIA

Não pense que o caminho do meio é um conceito aplicado somente à nossa experiência como indivíduos. Como empresas, ele também nos ajuda a evitar – ou ao menos a adiar – o risco da própria extinção. No mundo corporativo, empresas que operam apenas com o pensamento de curto prazo, focando exclusivamente na manutenção da operação, acabam estagnando. Já aquelas que focam apenas em inovar por inovar, sem lastro com a própria sustentabilidade e apadrinhadas por um patrocinador generoso que possibilite isso, tendem a dissolver-se numa piscina de egos. Como já dissemos, além da certeza das mudanças, também existe a certeza dos boletos.

Em contrapartida, aquelas que conseguem equilibrar a eficiência operacional com a inovação são as que prosperam. Essa prática é chamada de ambidestria organizacional, um conceito desenvolvido por Charles O'Reilly e Michael Tushman, acadêmicos do século XXI, que descreve a capacidade de uma organização explorar novas oportunidades sem comprometer sua eficiência atual.

Se só enxergarmos a necessidade de manter o que já existe fechamos as portas para novas ideias. Por outro lado, se vivermos apenas para a inovação sem considerar a realidade, nos tornamos visionários desconectados do presente. O segredo está no equilíbrio: manter o que funciona enquanto testamos novas possibilidades. Mas, para isso, é preciso ter flexibilidade mental e uma exímia habilidade de caminhar pelo caminho do meio.

QUANDO OS EXTREMOS TOMAM CONTA

A história nos mostra o que acontece quando os extremos prevalecem. Regimes autoritários, fanatismo religioso e guerras ideológicas, todos têm em comum a recusa em enxergar qualquer possibilidade além da própria crença. Quando o espaço para a dúvida e para a escuta desaparece, o pensamento crítico morre junto e o mundo passa a ser um lugar perigoso não só para pensar, como para viver.

Um bom exemplo é a história de Galileu Galilei. No século XVII, quando afirmou que a Terra girava ao redor do Sol, confrontou a visão dominante da Igreja que sustentava o geocentrismo.

Em vez de ouvir e avaliar a teoria, a instituição simplesmente silenciou Galileu e levou séculos para que sua ideia fosse aceita.

Toda polarização se alimenta da ignorância e, quem lucra com isso, espera que você nunca perceba. E como podemos sair ou evitar cair nessa armadilha?

1. **Desconfiando das certezas absolutas** – Se algo parece fácil demais, provavelmente tem coisa errada ou nem tudo está à vista. A realidade é complexa e merece análise profunda e contínua.

2. **Praticando a escuta ativa** – Em vez de ouvir apenas para rebater, tente ouvir para compreender o outro lado. Isso já muda tudo. Não significa aceitar falsas simetrias ou negacionismos que confrontam evidências e fatos consolidados, mas buscar compreender em que ponto da realidade os sentimentos e pensamentos opostos podem se encontrar.

3. **Evitando rótulos e estereótipos** – Eu sei que é tentador, confortável até, mas reduzir pessoas a uma única característica ou opinião nos impede de enxergar sua totalidade.

4. **Buscando fontes diversas** – Não se informe apenas por quem pensa igual a você. Expanda os horizontes e experiências, enriquecendo sua visão de mundo e evitando inserir-se na mentalidade de torcida organizada para a vida, que é bem mais complexa que um jogo de futebol.

5. **Incorporando a ambidestria no pensamento** – Equilibre tradição e inovação, certeza e dúvida, ação e reflexão, progresso e conservação. Isso enriquece sua capacidade de ler e interpretar diferentes contextos, o que nada mais é que um dos significados de inteligência.

A inteligência mora no meio-termo. Se queremos crescer intelectualmente e profissionalmente, precisamos abandonar a ilusão de que tudo se resume a dois lados opostos. A polarização pode ser confortável, pois elimina a necessidade de reflexão, mas é justamente na dúvida e no questionamento que a inteligência floresce, as possibilidades tornam-se exponenciais e passamos a viver um jogo infinito que não precisa ter um perdedor.

A boa notícia? Sempre há tempo para sair dessa armadilha. Basta estar disposto a enxergar além da fumaça ilusória que emana dos extremos.

Se você só enxerga dois lados de uma questão, parabéns: o mundo ficou pequeno e a sua cabeça menor ainda. Quem só gosta de escutar o que quer, torna-se refém das próprias certezas. E como bem sabemos refém não pensa, não tem vontade própria, não tem voz: só obedece. Então, para tirar o melhor caldo deste capítulo, esprema os "limões" a seguir com sinceridade:

1. Você se permite ouvir opiniões diferentes das suas, sem reagir automaticamente?
2. Em que momentos você percebe que vê o mundo de forma dicotômica, na linha do "ou um ou outro" e sem espaço para uma análise mais aprofundada?
3. Como você pode aprender com visões opostas à sua?
4. Você se cerca apenas de pessoas que reforçam suas crenças ou busca novos desafios intelectuais?
5. O que pode fazer para desenvolver mais flexibilidade no pensamento?

10

EGO INFLADO TORNA O CAMINHO ESTREITO

“O problema do ego não é apenas ser grande, é ser burro. A evidência disso é a necessidade de ser ouvido ser mais importante do que a de ter algo relevante a dizer.”

#FilosofiaBruta @eduzugaib

Se existe uma coisa que pesa mais do que a mala de um turista de primeira viagem é o ego inflado. E acredite, o excesso de bagagem emocional pode ser tão inconveniente quanto o passageiro sentado atrás, que insiste em chutar o seu assento ou acomodar o pé naquele espaço planejado para acomodar o seu braço.

O ego, em sua essência, não é um vilão. Ele nos dá senso de identidade e a confiança necessária para enfrentar desafios. O problema surge quando ele cresce além da conta e nos faz tropeçar nos delírios da própria grandiosidade.

O QUE SERÁ QUE VÃO PENSAR DE MIM?

Férias escolares. Você tem nove anos e está com a família passando alguns dias em um hotel lotado. Seu pai ainda está dormindo e sua mãe, para aproveitar melhor o dia, levanta-se cedo com você e seu irmãozinho mais novo para ir ao salão onde servem o café da manhã. Ao encontrar algumas mesas vazias, escolhem uma delas e se acomodam. Sua mãe pede ao garçom um cadeirão para o bebê, mas, como ele demora um pouco, senta-o no colo enquanto tira a mamadeira da bolsa e a coloca sobre a mesa.

Você está absorto em pensamentos sobre a semana de férias "Como será a turma?", "Será que alguma garota vai gostar de mim?", "De repente até ficaremos em contato depois" ..., quando de repente seus pensamentos são interrompidos bruscamente por sua mãe, que já se levantando, diz:

— Espere aqui, seu irmão fez cocô! Vou voltar ao quarto para trocá-lo e não demoro.

E sai do salão.

Poucos segundos depois, entra um grupo barulhento. Uma grande família, entre eles, vários jovens da sua idade. Inclusive ela: a menina mais bonita que você já viu. É paixão à primeira vista.

As únicas mesas disponíveis estão ao seu lado. Você ajeita a postura, tenta parecer interessante e torce para que sua mãe demore a voltar. Mas então, numa rápida olhada para a mesa, percebe um detalhe crucial: a mamadeira ficou ali, bem na sua frente.

O rosto esquenta. Você já imagina um dos garotos notando e comentando. Esconder a mamadeira agora, num movimento brusco, poderia tornar tudo ainda pior, pois evidenciaria a vergonha. O garçom chega e, para piorar, diz alto:

— Aqui está o cadeirão... desculpe a demora!

E num pânico silencioso, surge a pergunta inevitável: "O que será que vão pensar de mim?".

Parabéns! Ainda criança e sem perceber, você acaba de cair na armadilha do ego. Aquela parte da mente que compara, julga e condena. Que ora nos dá um sentimento de superioridade, ora nos faz sentir absurdamente inferiores. Esse mesmo ego nos seguirá pela vida, muitas vezes nos machucando na busca incessante por atender modelos sociais idealizados. Como, por exemplo, o de um menino de 9 anos que, mesmo sem tomar mamadeira, se sentiu ridiculamente exposto e vulnerável por estar sozinho em uma mesa em frente à uma garota pela qual teve sua atenção atraída.

UMA COMPANHIA PARA A VIDA TODA

Quarenta anos depois, você retorna ao mesmo hotel. Agora, um empresário bem-sucedido que tirou uma semana de férias para relaxar. Um dos seus hábitos favoritos é a sauna, prática relaxante que já mantém há algum tempo. Todos os dias, no fim da tarde, você segue para a sala de sauna, onde aproveita para suar e bater papo com outros hóspedes.

Numa dessas tardes, um casal jovem entra, acomoda-se e conversa baixinho. Alguns minutos depois, eles se voltam para você e perguntam:

— Qual é o tempo ideal para ficar aqui dentro?

Você sabe que o recomendado é algo entre dez e quinze minutos. Mas respira fundo, sorri e, com autoridade de quem pratica há anos, responde com firmeza:

— Meia hora!

Pronto! Seu ego inflado deu a resposta. Egos silenciosos ao redor processaram a informação e entraram em um jogo sutil de competição. Agora, cada segundo a mais dentro da sauna se transforma num desafio. Quem será o primeiro a sair? E quando sair, o autojulgamento virá forte:

"O que será que vão pensar de mim?".

Após minutos de resistência, alguém desiste e sai. Segundos depois, aliviado pela saída do primeiro, outro o segue. E assim por diante. Todos ficaram bem mais tempo do que gostariam, ou do que saudavelmente suportariam, apenas para evitar a "derrota" imposta por um jogo de ego que sequer foi verbalizado.

A resposta para a pergunta "O que será que vão pensar de mim?", quando dada por um ego bem resolvido, é bastante simples: "Dane-se o que vão pensar".

Afinal, na maioria das vezes, ninguém está nem aí para você. Esse medo constante da opinião alheia se torna um pensamento recorrente, que se repete até virar uma crença limitante e que se manifesta de uma forma bastante conhecida na vida da gente: a procrastinação. Palavra tão feia quanto o ato em si, mas que está mais para efeito do que para causa. Afinal, procrastinamos muitas vezes para disfarçar e não admitir alguns medos, entre eles o de ser julgado.

Então, quando a pergunta "O que vão pensar de mim?" surgir, pergunte-se honestamente, preferencialmente frente a um espelho e olhando nos próprios olhos: "Isso realmente importa?".

E mesmo que importe, cuidado com outra armadilha do ego: a ilusão de que podemos controlar o que os outros pensam. Seus julgamentos são distorcidos por preconceitos, desconhecimento e impulsividade, como já tratamos no capítulo anterior. No final das contas, relaxe. Nada fora de nós está sob nosso controle, no máximo algumas coisas estão sob alguma influência.

A única coisa que podemos dominar, a partir da autoconsciência, é como a opinião alheia – real ou imaginária – afeta nossas emoções. Porque, no fim das contas, se vivemos presos a esse medo, quantas oportunidades adiamos ou deixamos passar?

O EGO ENTRE O ÚTIL E O LIMITANTE

Freud definiu o ego como a instância psíquica que equilibra os impulsos do id com as regras do superego. Ou seja, ele é o gerente interno tentando manter tudo sob controle. O problema começa quando esse gerente se acha dono da empresa e esquece que o objetivo é fazer o sistema rodar, não se autopromover. É quando ele pratica o microgerenciamento – a pior doença que pode afetar a liderança – e começa a medir eficiência pelo número de idas ao banheiro, pela quantidade de minutos de atraso ao longo de um ano (mesmo com tudo sendo entregue antes do prazo e com excelência) ou pelo número de cafezinhos que se toma.

Nietzsche nos alertou contra a ilusão do ego absoluto. Ele dizia que grande parte das nossas convicções são apenas convenções sociais e que o ser humano, ao inflar sua importância, se torna escravo das próprias ilusões.

Mais recentemente, Ryan Holiday, no livro *O ego é seu inimigo*, reforça que o excesso de ego nos cega para oportunidades de aprendizado e crescimento. Achamos que sabemos mais do que deveríamos, resistimos a feedbacks e, no fim, ficamos presos numa armadilha de autoengano viciante.

O EGO COMO ARMADILHA

O ego inflado transforma desafios em ofensas pessoais e críticas em ataques diretos. Como se cada contrariedade fosse uma afronta à própria existência. O filósofo estoico Epiteto alertava: "Não é o que acontece com você, mas como você reage que importa". O ego exagerado, porém, prefere transformar cada desacordo ou conflito em um drama shakespeariano.

Um exemplo clássico desse comportamento é a figura do líder arrogante que não ouve sua equipe, porque acredita que já tem todas as respostas. Isso é um tiro não apenas no pé corporativo, como também no pessoal. Pessoas que acreditam saber tudo deixam de aprender, pois enxergam cada sugestão como ameaça e não como oportunidade.

O EQUILÍBRIO: QUANDO O EGO É NECESSÁRIO

Mas antes de querer eliminar seu ego como se fosse um inseto incômodo, vale lembrar: ele tem seu papel. Sem um mínimo de ego, não teríamos coragem para tentar, para inovar ou para nos posicionar no mundo. O problema não é ter ego, é deixar que ele nos tenha.

Carl Jung, psiquiatra e psicoterapeuta suíço, falava sobre a importância da individuação, o processo pelo qual o ego amadurece e se integra ao todo da psique. Sem essa jornada, caímos em dois extremos: ou nos tornamos excessivamente submissos, sem identidade própria, ou nos inflamos ao ponto de não cabermos em nós mesmos. Isso conversa diretamente com a comunicação pessoal e o quanto somos verdadeiramente assertivos, ou seja, capazes de expressar nossos pensamentos, sentimentos, necessidades e desejos de maneira honesta, direta e respeitosa, evitando cair no extremo da agressividade ou da submissão. E como podemos agir para manter o ego calibrado, inclusive ajudando nestes reflexos diretos sobre a nossa comunicação?

- **Cultivando a humildade ativa** – Conhecer as qualidades não significa ignorar as limitações. O verdadeiro sábio sabe que sempre há mais a aprender.
- **Trocando certezas por perguntas** – O ego infla quando se está apegado à necessidade de estar certo. Ouça mais, fale menos.
- **Aprendendo a rir de si mesmo** – Nada desinfla um ego inchado mais rápido do que um bom senso de humor. Além de distensionar conflitos, o humor nos ajuda a assumir estrategicamente as nossas vulnerabilidades.
- **Estando aberto ao feedback** – Nem toda crítica é um ataque; muitas são atalhos para o crescimento.
- **Praticando o desapego das opiniões** – Não é preciso defender cada ideia como se fosse uma fortaleza. Aprender e mudar de opinião é um sinal de inteligência, não de fraqueza.

O ego é um companheiro de viagem inevitável, mas cabe a você decidir se ele será um copiloto sensato ou um motorista imprudente, bêbado, orgulhoso e que resolve tudo na base do grito ou da carteirada ("sabe com quem você está falando?").

Manter o equilíbrio entre confiança e humildade é o que diferencia quem cresce de quem fica preso na ilusão da própria grandiosidade. Afinal, um ego bem ajustado abre portas, mas um ego inflado mal passa pela soleira.

O ego inchado é um *personal trainer* sem noção: te empurra ladeira abaixo achando que está te tornando mais ágil, te faz carregar peso desnecessário achando que está te fortalecendo e ainda te deixa convencido de que a dor que sente é sinônimo de progresso. Então, para fazer as pazes com o seu ego, esprema os "limões" deste capítulo com sinceridade:

1. Quando foi a última vez que você admitiu que estava errado? Qual foi o sentimento?
2. Você se sente desconfortável quando recebe críticas? Por quê?
3. Como você reage quando alguém tem uma ideia melhor do que a sua?
4. Sua necessidade de reconhecimento está acima do seu desejo de aprendizado?
5. Se seu ego fosse hoje um personagem, quem ele seria?

11

SAIBA CAIR PARA SABER LEVANTAR

"Cair faz parte. Mas se levantar sem ter aprendido nada no 'tempo de chão' é certeza de tombos ainda mais doloridos nas curvas à frente."

#FilosofiaBruta @eduzugaib

No capítulo 4, discutimos as quedas inevitáveis da vida e a necessidade de aceitar nossa vulnerabilidade. Agora, seguimos adiante: se cair faz parte do jogo, saber levantar é a arte que define aqueles que conseguem transformar fracassos em crescimento.

A vida não é uma linha reta e, sim, uma montanha-russa cheia de altos e baixos, loopings, acelerações e reduções bruscas, curvas fechadas, adrenalina e estômago virado. Felicidade e tristeza, vitória e derrota, perda e ganho, comédia e tragédia, amor e indiferença... a dualidade está presente em tudo. Queremos estabilidade, mas a verdade é que os momentos de ascensão só existem porque conhecemos as quedas. Se nunca tivéssemos enfrentado dificuldades, como saberíamos valorizar as conquistas? Se nunca tivéssemos comido sal, como diferenciar o açúcar, este que também em excesso pode nos matar?

A DUALIDADE DA VIDA: LUZ E SOMBRA

A alternância entre alegria e tristeza ou sucesso e fracasso nos ensina que a felicidade não é um destino fixo, mas um equilíbrio dinâmico. Aristóteles falava sobre a *eudaimonia*, a ideia de que uma vida plena não se constrói na busca desenfreada por prazer, mas na vivência de um propósito bem alinhado. Em outras palavras, não há subida sem descida, nem crescimento sem dor.

Nietzsche, ao falar do conceito de Amor Fati, nos convida a aceitar e amar nosso destino como ele é, incluindo as dificuldades. Ele propõe que, em vez de rejeitarmos a dor e os revezes, devemos abraçá-los como parte essencial do nosso desenvolvimento. Não se trata apenas de aceitar o destino passivamente, mas abraçá-lo ativamente com a compreensão de que até as adversidades, as dificuldades e os desafios fazem parte do que nos torna quem somos. Nietzsche acreditava que para sermos plenamente vivos, precisamos aceitar todas as experiências, inclusive a dor, os fracassos e os erros e não apenas o que nos agrada. O que nos derruba hoje pode ser a base que nos fortalecerá amanhã. Você já experimentou isso ao menos uma vez na vida, talvez naquele dia em o doce que iria morder com tanta vontade desequilibrou-se e caiu no chão, antes mesmo da primeira mordida. Então você rapidamente o pegou, deu uma espanada com a mão e mandou ver, repetindo que "o que não mata, engorda."

Uma das principais inquietações da Revolução do Pouquinho, título que nomeia meu outro livro e também o treinamento que levo a equipes e lideranças, nestes eternos cenários de crises que enfrentamos – cada uma com uma ou mais causas-raízes diferentes – é a sabedoria e a coragem para "transformar as mudanças que abraçam a gente nas mudanças que a gente abraça".

Essa dualidade entre altos e baixos pode ser bem ilustrada no contraste entre palco e bastidor. Quando vemos um artista em cena, sob os holofotes, tendemos a acreditar que aquilo é a realidade plena. Mas cada grande apresentação é sustentada por um longo e árduo período de ensaios, erros, frustrações, cansaços, dúvidas e ajustes nos bastidores. O mesmo acontece na vida: queremos os aplausos, mas muitas vezes não estamos dispostos a encarar os bastidores cheios de tropeços, inseguranças e trabalho duro. Só que é nesse espaço oculto que a resiliência e a antifragilidade são forjadas. Não é no evento, quando todas as luzes estão acesas e todas as atenções estão voltadas para nós. É no processo que acontece exatamente no tempo contido antes de abrirem e após fecharem as cortinas.

A GLÓRIA DO PALCO E A SOLIDÃO DOS BASTIDORES

A sociedade moderna nos condiciona a valorizar apenas os momentos de sucesso, as luzes do palco, os aplausos e os reconhecimentos. Redes sociais reforçam isso ao exibir somente os *highlights* da vida das pessoas, editados, filtrados, muitas vezes sem qualquer relação com a realidade. O que não se vê são os bastidores da jornada: as longas horas de dedicação sem garantias de retorno, os erros cometidos, os momentos de desânimo, as portas fechadas e as dúvidas que assolam até mesmo aqueles que parecem inabaláveis.

Pense nos grandes nomes do esporte, da música, do cinema, do empreendedorismo. Quando assistimos a uma grande performance raramente nos damos conta de todo o esforço necessário para que aquele momento de brilho acontecesse. Michael Jordan, considerado um dos maiores jogadores de basquete de todos os tempos, já revelou que errou mais de nove mil arremessos ao longo de sua carreira e perdeu centenas de jogos. No entanto, foi essa capacidade de aceitar e aprender com os erros que o transformou em um ícone.

Da mesma forma, um escritor não se torna bestseller com uma única tentativa. Antes de *Harry Potter* virar um fenômeno global, J.K. Rowling acumulou dezenas de rejeições editoriais. Ela passou por dificuldades financeiras, crises emocionais e um período de total incerteza. Mas, nos bastidores de sua vida, continuou escrevendo. O resultado? Criou um dos ecossistemas literários mais marcantes da história, que vai muito além das páginas dos livros, avançando pelo cinema, pelo entretenimento e pelo licenciamento de uma infinidade de produtos de toda ordem.

Se levarmos isso para o ambiente corporativo, a lógica não muda. Empreendedores de sucesso não chegaram ao topo sem enfrentar falências, rejeições, perdas e momentos de total incerteza. Steve Jobs foi expulso da própria empresa antes de voltar e revolucionar o mercado. Walt Disney faliu antes de criar o império que conhecemos. Essas histórias mostram que as quedas fazem parte do processo e que o mais importante não é evitá-las, mas saber como usá-las a favor do crescimento.

O MEDO DE ERRAR E A PARALISIA DO PERFECCIONISMO

Curiosamente, vivemos em uma cultura que glorifica o sucesso e esconde o fracasso. O medo de errar nos paralisa e nos impede de tentar. Criamos padrões irreais de perfeição e nos convencemos de que qualquer erro será definitivo. Isso gera ansiedade extrema, nos prende em bolhas de inércia e nos faz evitar desafios que poderiam nos levar a outro nível de crescimento. Nessa hora batemos no peito e dizemos que somos procrastinadores e procrastinadoras, até com certa dose de orgulho, pois aparentemente isso denota sermos ocupados ou focados demais. Mas a verdade é que a procrastinação está muito mais para efeito do que para causa. E entre as causas dos nossos adiamentos estão medos das mais variadas raízes: de falhar, do julgamento, de mudar, de não ser bom ou boa o suficiente (a síndrome do impostor) e até mesmo de isolar-se socialmente, quando a mudança que intimamente desejamos esbarra na necessidade de rever certos ambientes e relacionamentos.

É aí que entra a resiliência. Saber cair é entender que erros não são sentenças definitivas. E que o feito no campo atômico da vida – aquele da materialidade – é mais interessante que o perfeito do campo platônico – aquele que morrerá junto com seus pensamentos quando seu cérebro "decidir" encerrar seu ciclo biológico, levando sabe-se lá para onde todos os sonhos que nunca foram verbalizados ou tirados do papel. Saber levantar é compreender que cada tombo pode nos ensinar algo valioso. No Japão, a filosofia do *Kintsugi* (arte de reparar com ouro objetos quebrados) ensina que as cicatrizes não devem ser escondidas, mas valorizadas. Se aplicarmos esse conceito à vida, podemos ver que cada queda nos molda e nos torna únicos.

E como podemos nos levantar após as inevitáveis quedas da vida?

- **Aceitando o tombo sem negar a dor** – Cair dói e tudo bem reconhecer isso. Negar o sofrimento só prolonga o processo de recuperação. É estacionar no meio do processo de luto que poderá consumir o tempo que nos resta em pura letargia.

- **Aprendendo com a queda** – Todo tropeço carrega uma lição. O importante não é evitar falhas, mas garantir que cada uma delas nos ensine algo. Abraçar a mudança que nos abraça, absorvendo-a, processando-a, compreendo-a e integrando-a de forma inteligente à vida.

- **Construindo nossa resiliência** – Quanto mais rápido aprendemos a lidar com quedas, mais forte nos tornamos para enfrentar desafios futuros. Aquela coisa de repertório de vida, sabe? Quem já colocou o pezinho no inferno algumas vezes tem certa habilidade para percebê-lo e para reagir.

- **Mantendo a perspectiva** – Nenhuma derrota define a vida inteira. Lembre-se de que tudo passa, inclusive as piores fases. Os retratos de dias ruins não serão poucos, logo precisamos aprender a nos relacionar melhor com o filme que a vida carrega, bem como toda a evolução da trama ao longo da nossa história.

- **Cercando-se de boas influências** – Nos momentos difíceis, o apoio certo pode ser a diferença entre se levantar mais forte ou se perder na queda.

O ciclo contínuo da queda e da ascensão é uma constante na vida. Se há algo que podemos afirmar com certeza é que ela continuará nos derrubando de tempos em tempos. Mas a boa notícia é que também continuaremos tendo a chance de nos levantar, até que ela nos derrube de vez e dentro de uma cova, literalmente. Cada tombo é uma oportunidade disfarçada, uma bifurcação entre o conformismo e o crescimento.

Ah! Isso tudo não faz muito sentido para você, por que você foi treinado para nunca cair? Se ainda não caiu, prepare-se: um dia, você vai. A vida só não lhe deu essa oportunidade ainda, que pode tardar, mas nunca falha, conforme já tratamos no capítulo 4.

Quando o dia chegar, lembre-se de que a subida começa quando você decide não ficar mais no chão. E como todo grande artista sabe, os holofotes só fazem sentido porque houve trabalho duro nos bastidores.

Gente que nunca caiu não é forte, só não foi testada ainda e isso é apenas uma questão de tempo. Não é sobre evitar a queda, é sobre cair do jeito certo para não perder a chance de se levantar ainda mais forte. Pois viver com medo de cair só vai te fazer passar a vida andando devagarinho para não tropeçar. Então, para tirar o melhor caldo deste capítulo, esprema os "limões" a seguir com sinceridade:

1. Você já se preparou para os momentos em que a vida não sairá como esperado?
2. Como pode transformar um fracasso em uma oportunidade de aprendizado?
3. Quando tudo deu errado, como você conseguiu se reerguer?
4. Você vê a resiliência como um traço que pode ser desenvolvido?
5. O que pode fazer para ser mais forte ou flexível na próxima adversidade?

12

DEMONSTRE ANTES QUE SEJA TARDE

"O último 'boa noite' costuma chegar sem aviso. Demonstre antes que o único ato que lhe reste seja um textão hipócrita nas redes sociais."

#FilosofiaBruta @eduzugaib

Se a morte carrega em si uma certeza, a vida também: ela passa. E passa rápido. A pergunta essencial é: a vida está passando por você ou você está passando pela vida?

Querendo ou não, o tempo avança, indiferente aos nossos planos, desejos ou arrependimentos. A biologia não negocia: todo ser vivo tem um ciclo finito. A ciência pode ajudar a viver mais, mas ainda não encontrou a fórmula para a imortalidade. Com muita sorte alguma ideia possa tornar-se eterna, mas parece que isso era mais comum no passado, quando refletíamos verdadeiramente sobre tudo o que nos cercava e não neste presente veloz, neste *fast-food* de tendências que surgem e evaporam no intervalo de algumas refeições.

Por isso, se há algo que podemos afirmar com segurança é que um dia não estaremos mais aqui. E até lá, o que estamos fazendo com a única coisa que verdadeiramente nos pertence?

A verdade é que a maioria vive como se tivesse todo o tempo do mundo. Deixamos palavras para depois, adiamos gestos, empurramos afetos com a barriga, para dias incertos. Mas... um dia pode ser tarde demais. Não dá para ficar esperando o momento certo e depois reclamar que a vida foi injusta e te passou a perna. A vida é o que é. Ela se impõe, esfregando todos os limões da realidade na nossa cara. E se a boca trava muito para falar enquanto ainda há tempo, tão logo ele acaba, a consciência destrava, passando a nos atormentar sem qualquer prazo de validade. É quando a cama se torna uma caçarola onde ficamos fritando por horas e horas, as mesmas em que deveríamos estar dormindo.

MEMENTO MORI: LEMBRE-SE QUE VOCÊ VAI MORRER

Na Roma Antiga, quando um general vitorioso voltava das batalhas e era recebido com pompa e aplausos, um servo caminhava ao seu lado repetindo uma única frase: *Memento Mori*, ou seja, "lembre-se de que você vai morrer". A ideia era simples: evitar que o orgulho subisse à cabeça, lembrando-o de sua mortalidade.

A morte sempre foi um dos maiores tabus da humanidade. Evitamos falar sobre ela como se isso nos fizesse imunes à sua chegada. Mas, ironicamente, é o reconhecimento da finitude que dá sentido à existência.

Na minha jornada até aqui experimentei muito de perto dois tipos de perdas de pessoas queridas: a brusca, decorrente de um acidente, e a lenta, decorrente de uma doença que, em poucas semanas, passou da condição de tratável para a dos cuidados paliativos, visando proporcionar o máximo de conforto nos dias que restavam, cada vez mais dolorosos e próximos do fim.

Muita gente afirma que prefere um tipo ao outro, como se um doesse menos e o outro mais. Pois lhe afirmo, com as cicatrizes que ficaram dos dois processos: ambos machucam muito e, em ambos, muitas coisas que deveriam ser demonstradas não foram por acreditar que sempre haveria mais um dia, que o tempo jogaria a favor. A diferença de um para o outro talvez seja o que defini como o "deslocamento do luto". Como todo processo, o luto relaciona-se a um evento. No caso da perda brusca, o luto inicia para valer após o evento. No caso da perda lenta, inicia-se antes, bem antes, com todas as fases que lhe cabem, descritas pela psiquiatra Elisabeth Kubler-Ross em seu livro *Sobre a morte e o morrer*: a negação, a raiva, a barganha (como se pudéssemos negociar com o tempo e a vida), a depressão e, por fim, a aceitação.

Se tivéssemos a certeza de que viveríamos para sempre, será que nos preocuparíamos em amar? Em perdoar? Em criar conexões verdadeiras? O tempo limitado é o que torna a vida preciosa. O agora é o único tempo real que temos para demonstrar o que sentimos.

MEMENTO VIVERE: LEMBRE-SE DE VIVER

Se *Memento Mori* nos lembra da morte, *Memento Vivere* nos lembra de algo ainda mais fundamental e que resume a essência da coisa: viver genuinamente enquanto ainda estamos aqui.

Há uma diferença abismal entre estar vivo e viver de verdade. Muitos respiram, trabalham, pagam contas e seguem uma rotina sem nunca se entregarem à vida. Vivem no automático, sem presença, sem intensidade, sem afeto.

Demonstrar o que sentimos não é apenas um gesto de bondade com o outro, mas um ato de coragem com nós mesmos. É um jeito de garantir que não teremos arrependimentos quando o tempo cobrar seu preço.

CARPE DIEM: APROVEITE O DIA

Horácio, poeta romano, cunhou a expressão *Carpe Diem*, "Aproveite o dia". Mas a ideia não é sair vivendo de forma irresponsável, num hedonismo desenfreado como muitos interpretam erroneamente.

O verdadeiro *Carpe Diem* não é sobre excessos e impulsividade, mas sobre não desperdiçar o tempo com o que não importa e valorizar aquilo que realmente tem significado.

Muitas vezes, perdemos tempo com mágoas, discussões tolas e distrações superficiais, enquanto adiamos conversas importantes, encontros significativos e declarações de amor. E quando nos damos conta disso, o tempo já passou.

E a declaração de amor pode correr por todos os caminhos definidos pela filosofia grega antiga, seja o amor da paixão e do desejo (*Eros*), seja o amor da amizade e da virtude (*Philia*), seja o amor familiar e incondicional (*Storge*), o amor incondicional e espiritual (*Agape*), o amor leve e brincalhão (*Ludus*), o amor maduro e racional (*Pragma*) e, por fim, o amor-próprio (*Philautia*).

O MAIOR ARREPENDIMENTO DAS PESSOAS NO FIM DA VIDA

Bronnie Ware, uma enfermeira australiana que trabalhou com pacientes terminais por anos, escreveu o livro *Antes de partir: Os 5 principais arrependimentos que as pessoas têm antes de morrer*. Segundo ela, os arrependimentos mais comuns das pessoas no fim da vida eram:

- Não ter tido coragem de viver uma vida fiel a si mesmas, preocupadas apenas com o que os outros esperavam delas.
- Não ter trabalhado tanto.
- Não ter tido coragem de expressar seus sentimentos.
- Não ter mantido contato com seus amigos.
- Não ter se permitido ser mais feliz.

O terceiro arrependimento deveria nos fazer refletir profundamente. Quantas vezes silenciamos o que sentimos por orgulho, medo ou puro descuido?

As palavras não ditas e os gestos adiados são um fardo pesado demais para carregar nos últimos dias de vida. E acredite, eles se acumulam a cada novo encontro em que não se exprime um mínimo de afeto, por não romper a casca do orgulho ou da vaidade, apostando na eternidade. Perder a oportunidade de tecer um elogio aos pratos que sua mãe lhe preparou com todo o carinho enquanto estava aqui, apenas vai lhe assegurar um "quilo-remorso" (talvez seja essa a unidade de peso da consciência) maior e muito incômodo. Restará chorar, talvez, sobre a última embalagem de comida deixada por ela no *freezer*, tão gelada quanto a indiferença retribuída em vida. Apenas um exemplo aleatório, que certamente acontece nas melhores famílias.

O PARADOXO DA VULNERABILIDADE

Se demonstrar afeto é tão essencial, por que temos tanta dificuldade? A resposta está no medo da vulnerabilidade. Expressar o que sentimos nos expõe. Dizemos "eu te amo" e corremos o risco de não ouvir de volta. Pedimos perdão e talvez não sejamos perdoados. Nos aproximamos e podemos ser rejeitados.

Brené Brown, pesquisadora da Universidade de Houston, explica que a vulnerabilidade é um dos grandes paradoxos da existência: queremos conexões genuínas, mas temos medo de nos expor. Fugimos da rejeição, mas ansiamos pelo pertencimento. Queremos amar e ser amados, mas evitamos dar o primeiro passo. Só que há um problema: quem não se permite ser vulnerável, não se permite viver plenamente. E a maior ironia? No fim das contas, ninguém se arrepende de ter se exposto demais, mas de ter se fechado por medo.

A vida não espera. As pessoas não duram para sempre. O momento certo para dizer o que sente é agora. Histórias de pessoas que se arrependeram de não ter demonstrado seus sentimentos a tempo estão por toda parte. O filho que nunca disse "eu te amo" ao pai e só percebeu isso no dia do enterro. O amigo que adiou continuamente um reencontro e perdeu a chance para sempre. Aquele casal que brigou por puro orgulho, se afastou e nunca mais se falou, mesmo querendo. O pedido de desculpas que nunca foi feito porque "um dia eu resolvo isso" ou, pior, "o tempo coloca as coisas no lugar". A única coisa que o tempo faz espontaneamente, em conjunto com a ação do oxigênio, é enferrujar as coisas ao ponto de um dia travá-las em definitivo. O tempo não tem intenção, nem intencionalidade. Elas são suas apenas. Deixa-lo correr passivamente vai apenas lhe conduzir, invariavelmente, até o dia ou os dias em que não haverá mais o que fazer a não ser "chorar sobre o tempo derramado", quem sabe bebendo um copo de leite tão morno como a última refeição, apenas para honrar o trocadilho.

A verdade é que todos nós estamos nesse corredor, com um tempo limitado e com a única certeza de não sabermos a data do prazo de validade. Aquele dia em que iremos "bater as botas", caso você seja da geração mais analógica, ou o dia em que "iremos de arrasta pra cima", caso seja da mais digital. Definir se ele é um corredor que nos conduz à morte ou que nos eleva à vida é uma decisão que compete apenas a nós.

DEMONSTRAR SENTIMENTOS E NECESSIDADES SEM MEDO

A sociedade nos ensinou que demonstrar sentimentos é sinal de fraqueza. Mas a verdadeira força está em quem tem coragem de se mostrar por inteiro, sem máscaras. A vulnerabilidade é o que nos torna humanos. Quem ama, corre o risco de sofrer. Quem se expõe, pode ser rejeitado. Mas quem não se arrisca, condena-se a uma vida sem conexões verdadeiras.

A pergunta é: o que vale mais? O medo ou a possibilidade de um vínculo real? A filosofia estoica ensina que o presente é tudo o que temos. Em sua obra *Meditações*, Marco Aurélio fala recorrentemente sobre a mortalidade e a necessidade de viver de maneira plena e virtuosa. E vai além, ele lembra a ideia de que a morte está sempre presente e de que devemos agir com bondade e sabedoria enquanto temos tempo. Se Marco Aurélio estivesse nessa prosa, ele tomaria a palavra e diria algo mais ou menos assim: "Lembrem-se de que vocês não podem viver mais de mil anos. Não percam tempo pensando no que poderia ter sido, vivam o presente de acordo com sua verdadeira natureza".

Então... o quê estamos esperando?

Se tem alguém que você ama, diga.

Se tem alguém que você admira, expresse.

Se precisa perdoar ou pedir perdão, faça.

Se sente gratidão por alguém, não economize palavras.

Se quer reencontrar alguém, envie a mensagem.

Se não fizermos isso hoje, quando faremos?

Um dia, olharemos para trás e nos perguntaremos se apenas existimos ou se realmente vivemos. Perceberemos como o tempo não perdoa a covardia e nem o orgulho emocional, sempre transformando afetos reprimidos em arrependimentos e ódios guardados em gastrites de toda ordem.

Demonstre antes que vire arrependimento. O "depois eu falo" já matou mais relações do que qualquer guerra.

Demonstre antes que vire saudade. Se você não tem coragem de dizer hoje, depois nem adianta chorar no velório, muito menos no chuveiro.

Demonstre antes que seja tarde. Se abrir o coração é difícil, imagina carregar arrependimento nele para o resto da vida.

Se a vida passa rápido, que ao menos passemos por ela de forma intensa, honesta e autêntica.

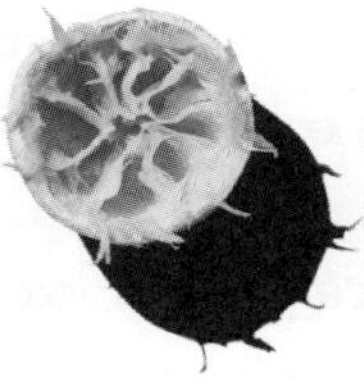

Tem gente que passa a vida economizando demonstração de afeto como se fosse pagar imposto por isso. Expressar antes que a finitude se imponha é mais genuíno e libertador, tanto para quem vai, como para quem fica, do que escrever um textão cheio de hipocrisia nas redes sociais. Então, para tirar o melhor caldo deste capítulo, esprema os "limões" a seguir com sinceridade:

1. Você expressa seu carinho pelas pessoas enquanto ainda tem tempo?
2. Como pode melhorar suas relações antes que o tempo leve de vez essa oportunidade?
3. Você tem algo não dito para alguém importante? O que te impede de falar?
4. Se amanhã fosse tarde demais, o que você gostaria de ter dito hoje?
5. Como tornar sua presença mais significativa na vida das pessoas ao seu redor?

13

CRENÇAS SÃO VERDADES DE VIDRO

"Um dia a realidade se impõe sobre o telhado frágil de nossas crenças e coloca tudo abaixo. Quando a manutenção não resolve mais, é hora de trocar o telhado."

#FilosofiaBruta @eduzugaib

Se tem coisa mais teimosa que gente orgulhosa são as crenças que carregamos. Elas são como aquele tio do pavê: podem até parecer inofensivas, mas, no fundo, estão sempre atrapalhando alguma coisa. Pior ainda, a maioria dessas crenças foi instalada na nossa cabeça antes mesmo de termos idade para decidir se queríamos ou não acreditar nelas. São verdades de vidro: frágeis, ilusórias e perigosas quando se quebram.

OS PEPINOS FAMILIARES

Na minha família – pode ser que talvez na sua também – ao se preparar uma salada, era comum o hábito de cortar a ponta do pepino como uma "tampinha", para esfregá-la junto ao pedaço maior durante um minuto aproximadamente. Este atrito criava uma pequena borda de espuma e, quando questionávamos os mais velhos sobre o motivo disso, a resposta era categórica:

— Para tirar o "veneno" do pepino!

A espuma era o veneno "materializado", como se fosse possível, em um minuto, circular e filtrar toda a seiva contida ali, separando o veneno e salvando o paladar da família, para não dizer, sua própria vida. Um ato tão heroico e de tamanha responsabilidade quanto o de desvirar os chinelos para salvar a própria mãe.

Me casei relativamente jovem e, um belo dia, compramos pepinos para incrementar a salada. Seria minha vez de dar sequência à crença do "veneno do pepino" para preservar a dinastia intacta. Mas, naquele dia, me deu um pequeno estalo: e se eu comesse o pepino sem tirar o veneno? Como gosto de viver perigosamente, naquele dia apenas lavei o pepino, cortei e coloquei-o na salada, sem qualquer referência ao ritual ancestral.

Na hora de servir, minha mente questionava a todo instante: e se for verdade? E se eu comer o pepino e morrer envenenado? Seria a vergonha da família! Dava até para imaginar a cena, algumas gerações depois, com alguma criança curiosa apontando para uma foto antiga e os mais velhos, balançando a cabeça em tom de reprovação, dizendo:

— Esse foi o seu tio-avô imprudente e leviano, que morreu envenenado com o pepino... esse idiota foi uma grande vergonha para a família...

Mas o teto de vidro desta crença havia rachado e o estalo foi exatamente o som disso. Uma voz desobediente veio lá de dentro e, com toda a convicção, disse:

— Vá em frente!

E foi o que fiz. Dei uma mordida, mastiguei lentamente e engoli aquela que poderia ser minha última refeição, consciente do risco de meu ato. A crença do amargo foi vencida logo nas primeiras mastigadas: o pepino tinha absolutamente o mesmo sabor! Ainda assim, fiquei observando a reação pós-refeição... vai que se tratava de um efeito retardado? Bem, não preciso dizer que sobrevivi, certo?

Esse é um exemplo de crenças que falsamente nos protegem, mas que se perpetuam de forma cristalizada, absoluta, sem perceber que o contexto em volta mudou. Quantas dessas você conhece ou vivencia com convicção nos dias de hoje? Daquelas mais simples e inofensivas ou das mais complexas, que lhe travam completamente diante de um desafio ou do desconhecido?

O PESO INVISÍVEL DAS CRENÇAS LIMITANTES

William James, um dos pais da psicologia moderna, dizia que acreditamos em algo não porque é verdade, mas porque escolhemos continuar acreditando. Ele defendia que as pessoas escolhem acreditar em algo por causa dos benefícios subjetivos que a crença traz, especialmente quando há incerteza ou dúvida. Ou seja, crenças são como móveis herdados, você os mantém em casa sem se perguntar se realmente gosta ou se simplesmente se acostumou com a presença.

No campo filosófico, Nietzsche foi ainda mais longe ao afirmar que as convicções são as inimigas mais perigosas da verdade do que as mentiras. Enquanto uma mentira pode ser desmascarada, uma crença enraizada é defendida com unhas e dentes, mesmo que não faça mais sentido. Nietzsche acreditava que as convicções eram perigosas porque fecham a mente para a possibilidade de novas ideias e impedem a busca pela verdade. Ele via as crenças e as convicções como estruturas rígidas de pensamento que, uma vez formadas, eram defendidas com fervor, mesmo que não fizessem mais sentido ou não fossem sustentadas por evidências reais. Uma mentira pode ser desmascarada com mais facilidade, mas uma convicção é muito mais difícil de desafiar, pois é sustentada por emoções, interesses pessoais e um sentimento de identidade. Entendeu agora o porquê daquela conversa sobre política em plena noite de Natal ter azedado o ano novo inteiro? Pois é. Tem horas que o melhor é fingir que está louco ou alheio à realidade, caso as relações ali lhe sejam importantes. Porque, na verdade, todos somos loucos ou alheios, em maior ou menor grau.

CRENÇAS E AUTOENGANO

Daniel Kahneman – psicólogo, autor e vencedor do Prêmio Nobel –, mostrou em seus estudos que o cérebro tende a preferir atalhos mentais que confirmam o que já acreditamos, mesmo que isso leve a erros sistemáticos. Erramos não apenas por ignorância, mas por vontade de errar, quando o erro nos deixa emocionalmente confortáveis em nossas crenças. E para tanto, damos sempre um jeitinho de aceitar as informações e dados que reforcem nossas opiniões já formadas, descartando todo o resto onde, costumeiramente, reside a raiz do problema. Kahneman chama esse fenômeno de Viés de Confirmação: buscamos, interpretamos e lembramos informações que sustentam nossas crenças prévias, ignorando evidências contrárias.

Outro viés cognitivo que reforça crenças limitantes é o Efeito Dunning-Kruger, identificado pelos psicólogos David Dunning e Justin Kruger. Ele mostra que, muitas vezes, os menos capacitados sobre um tema são justamente os mais confiantes e apaixonados em suas opiniões, enquanto aqueles com maior conhecimento tendem a questionar mais suas próprias certezas. Esse fenômeno ajuda a explicar por que algumas crenças absurdas persistem: quem as defendem nem sempre percebem suas próprias limitações. E quando encontra o aplauso daqueles que caminham pela mesma interpretação, sentem-se ainda mais seguros em declará-las e até mesmo impô-las. Aquele grupo de WhatsApp que você já fez ou ainda faz parte, abundante na transmissão de notícias falsas, sem qualquer fundamento ou validação, ajuda a explicar esse fenômeno que deixou de ser isolado e passou a ser das massas. Uns confirmando os vieses dos outros, enquanto a realidade grita aqui fora.

Carol Dweck, em seus estudos sobre mentalidade, desenvolveu o conceito de Mindset Fixo e Mindset de Crescimento. Pessoas do primeiro grupo acreditam que a capacidade e inteligência são imutáveis, enquanto as do segundo enxergam suas habilidades como algo que pode ser desenvolvido com esforço e aprendizado. Quando uma crença diz que "não somos bons o suficiente" para algo, muitas vezes é apenas um reflexo do Mindset Fixo nos prendendo em um ciclo de autoengano.

Além disso, há o Efeito Ancoragem, descrito por Kahneman e Amos Tversky, que explica como somos influenciados por informações iniciais, mesmo que irrelevantes, e como essas âncoras distorcem nossas decisões. Crenças herdadas muitas vezes se tornam âncoras invisíveis, limitando a capacidade de questionar e evoluir.

Mudar uma crença não significa apenas aceitar novas ideias, mas desafiar os atalhos mentais que nos mantêm presos às velhas verdades. Isso pode ser desconfortável, porque, como dizia George Orwell, "ver aquilo que está diante do nosso nariz exige uma luta constante", ainda mais no meu caso, já que meu nariz é relativamente grande. Dá para ver isso na prática sempre que tentamos apresentar um novo ponto de vista para alguém que já tem opinião formada. Mudar uma crença é doloroso, é como admitir que estivemos errados por muito tempo. E quem gosta disso?

A FLEXIBILIDADE DAS CRENÇAS COMO FERRAMENTA DE CRESCIMENTO

O filósofo Karl Popper, em sua teoria do falsificacionismo, defendia que o verdadeiro conhecimento avança quando estamos dispostos a testar e, se necessário, abandonar nossas crenças. Para ele, a ciência e o pensamento crítico se fortalecem não pela confirmação, mas pela refutação de ideias que antes pareciam inquestionáveis. Esse princípio pode ser aplicado às crenças pessoais: a evolução só acontece quando aceitamos a possibilidade de que podemos estar errados.

Acreditar que possui todas as respostas pode ser confortável, mas é também uma armadilha. Bertrand Russell reforçou essa ideia ao dizer que "o problema da humanidade é que os estúpidos são excessivamente confiantes, enquanto os inteligentes estão cheios de dúvidas". A dúvida saudável é uma ferramenta essencial para manter nossa mente aberta e flexível.

Podemos comparar nossas crenças a um telhado de vidro: enquanto tudo está estável, ele parece oferecer proteção. Mas basta o peso da realidade se impor – uma nova informação, um evento inesperado, um choque de perspectiva, uma desgraça qualquer – para que ele rache e desmorone, deixando-nos atordoados e sem cobertura. O problema não está na queda, mas na ilusão de que aquele teto era inquebrável. A verdadeira segurança não vem de verdades absolutas, mas da capacidade de reconstruir nossas certezas com materiais mais resistentes, sempre que necessário.

Se você acredita que é "ruim de matemática", "não tem talento para arte" ou "não consegue aprender idiomas", talvez seja a hora de questionar se isso é mesmo uma verdade ou apenas mais uma história de "pepino venenoso" que você herdou sem perceber. Isso não significa ignorância, mas abertura para o aprendizado. Não significa que você vai se tornar um Nobel da Matemática, mas que pode procurar compreendê-la ao menos para mitigar os danos e perdas que sofreria por não saber nada.

Há uma lição valiosa de um pensamento amplamente atribuído a Albert Einstein, porém sem evidências claras de que seja realmente dele, que diz assim: "a mente é como um paraquedas: só funciona se estiver aberta". Essa flexibilidade é o que separa quem estagna de quem evolui.

E como podemos expandir nosso horizonte além das crenças que naturalmente nos limitam?

- **Mapeando-as** – Anote aquelas certezas que você tem sobre si mesmo, sobre os outros e sobre o mundo. Depois, pergunte-se: "Isso é um fato ou uma interpretação?".

- **Procurando contraexemplos** – Se você acredita que "só os extrovertidos têm sucesso", tente encontrar histórias de introvertidos bem-sucedidos. Isso ajuda a enfraquecer generalizações.

- **Experimentando o contrário** – Se você sempre evitou um certo tipo de comida, música ou experiência por "não gostar", se dê uma segunda chance. Pode ser que sua crença esteja desatualizada. Ou que você descubra um mundo bastante rico, abandonado antes mesmo de ser explorado por certezas de que nem sempre são suas.
- **Escutando opiniões opostas, com o espírito livre de julgamento** – Leia livros, escute podcasts ou converse com pessoas que pensam diferente de você. Não precisa mudar de opinião, mas ampliar a visão nunca fez mal a ninguém.
- **Praticando a dúvida construtiva** – Sempre que surgir uma crença automática, pergunte-se: "E se eu estiver errado?". Essa simples pergunta pode abrir portas para novas possibilidades.

Crenças podem ser escudos ou prisões. Elas tanto nos protegem quanto nos limitam. Questionar não é desrespeitar quem nos ensinou, mas garantir que estamos vivendo nossa própria verdade, não a de alguém que viveu em outra época, com outros desafios e outra redoma de vidro.

Em sua leitura até aqui, você viu algumas vezes um termo alemão *"zeitgeist"*, certo? Falamos dele no capítulo 8 e em algum outro ponto que não me recordo agora. Introduzido pelo filósofo iluminista Johann Gottfried von Herder aos estudos do pensamento, *zeitgeist* significa "espírito do tempo". Refere-se às ideias, crenças, comportamentos e influências que caracterizam uma determinada época, mostrando como elas são moldadas pelo contexto histórico e cultural. O que fazia sentido há cem anos pode não se aplicar à realidade de hoje.

Compreender o *zeitgeist* torna-se necessário para dar os próximos passos, inclusive desafiando o *status quo* – que é o senso comum estabelecido – no sentido do aperfeiçoamento, da ampliação, da diversidade, da equidade, da inclusão e da sustentabilidade.

Por exemplo, você sabia que a prova de maratona feminina foi incorporada aos Jogos Olímpicos apenas em 1984? Isso deveu-se à pressão iniciada pela maratonista Kathrine Switzer, que em 1967 foi a primeira mulher a se inscrever nessa modalidade, entre outras de rua, tradicionalmente disputadas por homens. Na ocasião, durante a Maratona de Boston, ela chegou a ser agredida e quase expulsa pelo organizador da prova, que viu uma afronta no ato. O que ele não contava é que outros maratonistas iriam defendê-la, botando-o para correr, com o perdão pelo trocadilho. Resolveu o problema de cara? Não. Mas foi este desafio ao *status quo*, ou à crença coletiva, que deu início a um movimento que ganhou força e adesão a partir de então. E o atrito com a crença de que "apenas homens poderiam correr" foi além: em 1972 foi criada a categoria feminina na Maratona de Boston, o que ampliou o número de cobranças sobre o Comitê Olímpico que, após quase uma década, decidiu incluir a categoria nos jogos.

Portanto, quando sair hoje na rua e encontrar mulheres praticando corrida, vale lembrar do quanto algumas realidades que vivemos simplesmente não existiam há poucas décadas. Isso reforça a necessidade de ações afirmativas, com intenção e intencionalidade real e não apenas desejos de melhoria sem atitude, de motivação desprovida de engajamento.

Algumas disparidades, se deixadas para serem corrigidas pela ação do tempo, levarão séculos a serem minimizadas. As estatísticas de equidade homem e mulher no mercado de trabalho, por exemplo e só para citar um dos inúmeros recortes que nos cercam, são assustadoras e ainda o serão caso você esteja lendo este livro dez ou vinte anos após sua primeira edição.

Triste viver como um saco de crenças com pernas, perambulando a esmo por aí, colidindo com a realidade e a impermanência a todo instante. É o que acontece quando não ajustamos as lentes das nossas verdades ao presente. Então, é hora de tirar um pouco mais de caldo deste capítulo, espremendo os "limões" a seguir com sinceridade:

1. Quantas certezas você já teve na vida e depois percebeu que estavam erradas ou descompassadas do seu tempo?
2. Suas crenças foram escolhidas ou simplesmente herdadas do meio em que cresceu?
3. O que faria diferente se não tivesse medo de questionar suas próprias convicções?
4. Você tem mais medo de mudar de ideia ou de descobrir que sempre esteve errado?
5. Se fosse obrigado a defender a crença oposta à sua, quais argumentos usaria?

14

FELICIDADE É PROCESSO, NÃO EVENTO

“Felicidade não é destino, é o combustível da jornada. Não deixe que a ansiedade e a pressa de chegar lá destrua a chance de ser feliz no caminho.”

#FilosofiaBruta @eduzugaib

Muita gente acredita que a felicidade está em dias específicos da vida: a formatura, o casamento, a promoção, a aposentadoria. Esses marcos são vistos como o ápice da existência, os dias em que finalmente estaremos plenos e felizes.

Mas... e todo o resto?

O problema dessa visão é que ela reduz a felicidade a um evento isolado, um momento que precisa ser conquistado a qualquer custo. Pior ainda, ela cria a falsa ideia de que, depois de chegar lá, seremos felizes para sempre. Quem já passou por um momento grandioso na vida sabe que ele dura pouco. A festa de formatura acaba. O casamento vira rotina. A promoção traz novos desafios. A aposentadoria, se não for bem planejada, pode trazer solidão, quando não depressão.

A felicidade não é um ponto de chegada, mas um caminho que precisa ser construído e experienciado todos os dias. Quem se arrasta durante os quatro anos de um curso, projetando sua felicidade apenas nas quatro horas da festa de formatura, não entendeu nada. E vai sofrer bastante por isso, especialmente se sofrer algum desarranjo intestinal na véspera que impeça ou limite sua presença no baile.

Felicidade é causa. Conquista, o efeito.

OS DILEMAS FILOSÓFICOS DA FELICIDADE

A busca pela felicidade sempre foi um tema central da Filosofia. Diversos pensadores, de diferentes épocas e escolas, tentaram definir o que significa ser feliz e como essa experiência se manifesta ao longo da vida. Se existe um consenso entre eles, é de que a felicidade não é um estado fixo, mas um processo dinâmico, que exige reflexão, escolhas e ação.

SCHOPENHAUER E O PÊNDULO DO SOFRIMENTO E DO TÉDIO

Arthur Schopenhauer, o grande pessimista do século XIX, enxergava a felicidade como um conceito ilusório. Para ele, a vida humana oscilava entre dois extremos: a insatisfação, que cria o desejo, e o tédio, pós desejo atendido.

Quando estamos insatisfeitos, sofremos. Queremos algo que não temos, almejamos conquistas, buscamos prazer, reconhecimento, amor. Esse desejo nos mantém inquietos e ansiosos.

Quando finalmente conquistamos o que queríamos, experimentamos um breve momento de satisfação, e logo ele se dissolve no tédio. A felicidade momentânea dá lugar a uma nova necessidade, e o ciclo recomeça.

Schopenhauer via esse movimento pendular como um jogo cruel da existência. Ele argumentava que a única forma de escapar desse sofrimento constante era reduzir os desejos ao mínimo, pois quanto menos esperamos da vida, menor será a frustração.

Embora sua visão seja pessimista, há um aprendizado valioso aqui: a felicidade não pode depender apenas da busca incessante por algo externo. Se ela está sempre no "próximo objetivo", então, de fato, nunca a alcançaremos plenamente.

ARISTÓTELES E A EUDAIMONIA: A FELICIDADE COMO UM PROPÓSITO CONTÍNUO

Se Schopenhauer via a felicidade como inalcançável, Aristóteles pensava justamente o contrário. Para ele, a felicidade – ou Eudaimonia, como já falamos brevemente em páginas anteriores – não era uma emoção passageira, mas um estado duradouro de realização e propósito.

A felicidade, segundo Aristóteles, não está no prazer momentâneo, mas no cultivo contínuo de virtudes. Ele acreditava que viver bem exige equilíbrio entre razão, emoção e ação, buscando sempre o desenvolvimento do caráter.

Diferente de Schopenhauer, Aristóteles não via a felicidade como algo impossível de alcançar. Ela está disponível para aqueles que vivem de forma íntegra, consciente e alinhada aos seus valores.

Essa visão ensina que felicidade não é apenas sentir prazer ou evitar sofrimento, e, sim, agir de maneira coerente com quem queremos ser.

EPICURO E O PRAZER COM SABEDORIA

Epicuro, por outro lado, argumentava que a felicidade vem do prazer, mas não de qualquer tipo de prazer. Para ele, existem os que realmente nos tornam felizes e os que apenas nos escravizam.

Os prazeres essenciais, segundo Epicuro, são simples e acessíveis: amizade, tranquilidade, comida moderada, momentos de descanso. Já os excessivos – como luxos desnecessários, poder desmedido ou vícios – geram mais sofrimento do que felicidade.

Ele defendia que a felicidade não está no acúmulo de riquezas ou conquistas, mas na capacidade de aproveitar o presente com leveza e moderação.

NIETZSCHE E O AMOR FATI: AMAR O QUE É, NÃO O QUE PODERIA SER

Friedrich Nietzsche traz uma abordagem ainda mais ousada: ser feliz não significa evitar dificuldades, mas abraçar a vida em sua totalidade, incluindo os desafios.

Seu conceito de amor Fati – o amor ao destino – propõe que, em vez de lutar contra os eventos que acontecem, devemos aceitá-los integralmente e encontrar sentido até mesmo nas adversidades. Abraçar a mudança que nos abraça. Essa visão ensina algo fundamental: a felicidade não é ausência de sofrimento, mas a capacidade de encontrar propósito mesmo nas dificuldades.

Cada um desses filósofos trouxe uma perspectiva única, mas todos convergem em um ponto essencial: a felicidade não é um prêmio a ser conquistado no final da jornada, ela é um processo contínuo.

Seja reduzindo expectativas como Schopenhauer, buscando virtudes como Aristóteles, cultivando prazeres simples como Epicuro ou abraçando a vida por completo como Nietzsche, a felicidade depende da forma como encaramos a existência.

E, talvez, em vez de buscá-la incansavelmente, o segredo esteja em perceber que já estamos vivendo dentro dela, todos os dias, nos pequenos momentos que muitas vezes ignoramos, aqueles em nossos dias de rotina, dias de processo dos quais raramente lembramos, em contraponto com os dias de eventos, que encaramos como marcos regulatórios da vida, dividindo-a em antes e depois.

O EQUÍVOCO DA FELICIDADE INSTANTÂNEA

Felicidade, atualmente, se tornou um produto de marketing. Redes sociais nos vendem uma vida idealizada. O mercado nos convence de que precisamos consumir mais para sermos felizes. O mundo corporativo impõe métricas de sucesso que nos fazem sentir eternamente insuficientes.

E, paradoxalmente, nunca tivemos tantas pessoas infelizes, ansiosas e deprimidas em todos os extratos sociais. Isso nos dá um leve indício que, apesar do dinheiro ser bem-vindo e resolver muitos problemas, o "ter" nem sempre contribui para o "ser". E nada mais comum que ver gente rica e famosa em crise existencial, quando não em estados depressivos bastante críticos e enveredando por toda sorte de vícios de "escape".

Atenção, leitor e leitora: isso não é uma romantização da pobreza, mas sim um questionamento quanto ao real poder do dinheiro em comprar algo que não se vende, mas se cultiva no "quintal" de nossos pensamentos, sentimentos e atitudes. Para acalmar este seu coraçãozinho capitalista de vez: eu adoro ganhar dinheiro. Mas o que adoro mesmo é de gastá-lo bem, com o quê e com quem realmente importa.

Quanto mais buscamos a felicidade perfeita e absoluta, mais frustrados ficamos. Isso porque a felicidade, na prática, não é constante. Ela oscila, varia, se esconde e ressurge. A felicidade não é um estado fixo, mas uma experiência fluida, que abarca tanto a compressão e fruição do estado potente da alegria quanto a assimilação e superação do estado impotente da tristeza, estando eles – alegrias e tristezas – relacionados aos eventos de nossa vida.

Aceitar essa realidade nos ajuda a encontrar prazer na caminhada, em vez de esperar um grande prêmio ao final. O eterno "quando" que nunca chega:

"Vou ser feliz quando me formar."

"Vou ser feliz quando conseguir aquele emprego."

"Vou ser feliz quando tiver minha casa própria."

"Vou ser feliz quando encontrar a pessoa certa."

"Vou ser feliz quando me aposentar."

"Vou ser feliz quando tiver mais tempo livre."

"Vou ser feliz quando recuperar minha saúde."

"Vou ser feliz quando ________________." (complete você mesmo)

E quando esse "quando" chegar? O que vai acontecer? Por um breve momento, há satisfação, um alívio e, talvez, até um entusiasmo passageiro. Lamento informar, você não será feliz assim. No máximo estará alegre e a confusão entre alegria e felicidade ainda vai acabar nos matando.

Mas logo depois, vem o próximo "quando".

E outro.

E mais um.

E mais outro.

A mente busca um novo objetivo para se fixar, uma nova meta para condicionar a felicidade. E assim, seguimos acumulando "quandos" que nunca terminam, sempre esperando algo externo acontecer para, enfim, autorizar que a felicidade aconteça.

A FELICIDADE COMO CONSTRUÇÃO DIÁRIA

Como já dissemos, Aristóteles definia felicidade – a sua Eudaimonia – como um estado de realização contínua baseado no desenvolvimento das virtudes e na coerência entre nossos valores e ações. Para ele, ser feliz não era alcançar um ponto específico na vida, mas agir diariamente de acordo com aquilo que consideramos importante.

Se pensar bem, a verdadeira felicidade não acontece apenas em grandes eventos.

- Ela está no meio do caminho, do processo.
- Está no contraste de um café quente numa manhã fria.
- Está na risada espontânea com um amigo.
- Está no silêncio de um momento de paz.
- Está no sentimento de missão cumprida ao final do dia.
- Está no processo de se tornar quem você quer ser, com clareza.

Se você passa a vida esperando a "grande felicidade" do futuro, deixará passar mil pequenos momentos de alegria no presente que, misturados com a nossa capacidade de lidar e superar os momentos de tristeza, ajudam a dar uma pequena noção do que seja felicidade de verdade.

O PARADOXO DO "SER FELIZ" E "TER SUCESSO"

Penso que outro grande equívoco moderno é confundir felicidade com sucesso. Muitos acreditam que ser feliz é sinônimo de ter uma carreira brilhante, um casamento perfeito, dinheiro suficiente para não se preocupar. Mas, definitivamente, felicidade e sucesso não são a mesma coisa. Podem até coexistir, mas não em condição *sine qua non*. É possível ser feliz ou infeliz sendo pobre ou rico. Exemplos contemporâneos e tristes não faltam para ilustrar: o ator Robin Willians, o popstar Michael Jackson, os cantores Kurt Cobain e Amy Winehouse, entre outros tantos que conquistaram tudo aquilo que muitos sonham e mais um pouco, tiveram o mundo aos seus pés, porém nunca conseguiram lidar com a dualidade alegria e tristeza, enveredando cada qual por diferentes rotas de fuga que os conduziram para um fim triste e trágico.

Sucesso é relativo. Para alguns, pode ser um cargo alto. Para outros, ter tempo para viajar. Ou até ter uma rotina tranquila. Para uma infinidade de gente, ter oito horas de sono, filhos em uma escola melhor e uma vida menos exposta à violência. Ou ainda, poder trabalhar próximo de casa e dedicar o tempo gasto em deslocamento a outras atividades.

Pergunte a alguém condenado a viver conscientemente sobre uma cama, impossibilitado de sair dela, o que significa sucesso. Cada qual lhe trará uma perspectiva diferente, caso não se enquadre em nenhum dos exemplos citados.

Enquanto o sucesso relaciona-se intimamente com nossas projeções externas, a felicidade não se ancora apenas nelas, mas principalmente na relação que temos com a própria vida. Há pessoas bem-sucedidas profundamente infelizes. E há pessoas com vidas simples, mas com uma alegria genuína e constante, mesmo encarando desafios de forma recorrente. O que as diferencia? A forma como vivem, interpretam, absorvem e processam o presente, colocando atenção na rotina e em todas as possibilidades que existem dentro dela. São pessoas em paz com a rotina e, nem por isso, sem ambição.

Enquanto uns acreditam que ainda precisam de algo para serem felizes, outros encontram a felicidade no dia a dia, sem a eterna e ingrata espera por grandes acontecimentos.

O EQUÍVOCO DA FELICIDADE INSTANTÂNEA

Na era da gratificação imediata, queremos tudo para ontem. Se estamos entediados, rolamos a tela do celular. Se sentimos ansiedade, buscamos distrações. Se algo dá errado, queremos uma solução mágica. Mas a felicidade, assim como qualquer construção sólida, demanda tempo, paciência e esforço.

Da mesma forma que um atleta não se torna campeão do dia para a noite, ninguém constrói uma vida plena sem trabalho contínuo. A felicidade requer manutenção diária, escolhas conscientes e disposição para lidar com altos e baixos da jornada.

E como podemos trazer essa tal felicidade um pouquinho mais para perto de nós?

- **Parando de condicioná-la ao futuro** – Se a sua felicidade depende do próximo objetivo, lamento informar: nunca será realmente feliz.

- **Aprendendo a saborear os pequenos momentos e conquistas** – O presente está cheio de alegrias sutis que só percebemos quando desaceleramos.

- **Não confundindo felicidade com ausência de problemas** – Problemas sempre existirão. A felicidade vem da forma como lidamos com eles.

- **Construindo-a no processo, não no resultado** – Sucessos são eventos. Felicidade é o que você sente no processo que vive entre eles.
- **Praticando gratidão real, não "gratiluzes" superficiais** – Ser grato não é fingir que tudo está bem, mas valorizar o que há de bom na sua vida, enquanto continua a correr atrás de novas conquistas.

Se você quer ser feliz, pare de esperar a felicidade chegar, assumindo a consciência de que ela não está no próximo emprego, no próximo relacionamento, na próxima conquista, na próxima viagem. Ela está na forma como você vive o agora.

Sim, grandes momentos são importantes, sejam eles planejados ou aleatórios. Sim, conquistas trazem satisfação e nos movemos por elas. Mas a verdadeira felicidade está na argamassa que preenche os espaços entre esses eventos. Ela está no processo, ajudando a digerir tanto as alegrias quanto as tristezas que a realidade nos impõe.

Uma vida que intitulamos de feliz é a tecida na rotina, nas pequenas escolhas, nos desafios superados e na capacidade de enxergar propósito em cada fase que já atravessamos e que ainda vamos atravessar, amarrando continuamente nossa história com nosso futuro breve. Quando compreendemos que felicidade está mais na forma de viver do que nos objetivos de vidas, as coisas começam a fazer sentido.

Porque, no fim das contas, não é sobre chegar lá. É sobre prestar atenção no caminho, reconfigurando o GPS das expectativas sempre que necessário e buscando sentido em cada trecho suave ou difícil da jornada, não apenas na chegada. É compreender que pequenas atitudes e conquistas diárias valem mais do que um grande evento no futuro. Não raro, é exatamente o encadeamento dessas atitudes, essa revolução construída aos pouquinhos, que promove o grande evento.

Se felicidade fosse destino, ninguém teria *burnout* na viagem. Se fosse sucesso, não haveria tantas lágrimas silenciosas derramadas em banheiros de mármore. Se felicidade fosse um evento, não haveria tanta terapia de casal depois da festa. A boa notícia é que felicidade é processo. A má, é que dá trabalho. Então, para tirar o melhor caldo deste capítulo, esprema os "limões" a seguir com sinceridade:

1. Você ainda espera pela "grande virada" ou já percebeu que a felicidade está no caminho?
2. O que pode fazer hoje para encontrar mais satisfação na rotina?
3. Como você define felicidade para si mesmo?
4. Você adia a felicidade esperando um momento ideal que talvez nunca chegue?
5. O que te impede de apreciar mais o presente?

15

DESCULPE LEMBRAR, MAS VOCÊ VAI MORRER

"O tempo é um agiota impiedoso, que todo dia nos empresta 24 horas. O problema? Nunca sabemos quando ele vai fechar a conta. E quando cobra, ele não parcela: é tudo à vista."

#FilosofiaBruta @eduzugaib

Não sei como lhe dar essa notícia, como temperar essa realidade para torná-la mais palatável. Não sei se você já sabe, nem se alguém já falou sobre isso contigo. A questão é que você vai morrer. Pois é, não há forma mais ou menos suave de avisar alguém que o seu tempo é finito. Foi mal te lembrar disso, me perdoe.

Isso não se trata de uma piada de humor duvidoso ou de elogio à morte, já que, apesar de todos os perrengues que já vivi e que me colocaram algumas vezes beijando sua face, quero que a minha fique longe, bem longe. Trata-se de perceber que este lembrete, ao mesmo tempo que gera desconforto, também é libertador: cuide bem da sua vida, já que a sua morte não será um problema seu.

Vou repetir, para ficar bem claro: a sua morte não será um problema seu. Ela será um problema para quem ficar. Para quem tiver que organizar tudo, desde o seu enterro ou cremação, a certidão de óbito, as contas bancárias, os móveis, roupas, documentos, dívidas, contratos, e-mails e talvez até os grupos de WhatsApp que você esqueceu de sair. Relaxe, pois alguém vai cuidar disso.

Já da sua vida, não. E aqui não tratamos da metáfora popular relacionada à fofoca e maledicência, mas ao processo biológico, homeostático, psicológico e social que é sua vida. Ela é um problema seu. Só seu. E essa constatação não deveria ser angustiante, mas libertadora.

Seja honesto consigo mesmo: você está cuidando da sua vida ou apenas esperando que as coisas se resolvam pela ação do tempo, que apenas oxida, mas não resolve coisa alguma, como já dissemos?

Muitos passam os dias anestesiados, empurrando a existência com a barriga, esperando uma grande revelação ou um evento transformador. Mas não há um diretor de cinema escrevendo um roteiro épico para a sua jornada. Este roteiro está em branco e ao menos uma caneta está na sua mão.

Então, se você morrer amanhã, terá vivido algo que realmente valeu a pena?

A FINITUDE COMO LEMBRETE BRUTAL DA REALIDADE

Da verdade nua e crua ninguém escapa. Pessoas morrem. Eu morrerei. Tu morrerás. Nós morreremos e eles morrerão.

Isso pode acontecer daqui cinquenta anos ou daqui cinco minutos. Pode ser no auge da vida, numa rotina previsível, ou no dia seguinte a um grande plano. Não há lógica, não há contrato de permanência, nem cláusulas de garantia ou de cancelamento. Apenas a certeza da partida, sem data marcada.

E o que fazemos com essa certeza? Na maior parte das vezes, tentamos ignorá-la. Fingimos que temos tempo de sobra, que podemos adiar tudo para depois, que podemos nos dar ao luxo de postergar o que realmente importa. "Depois eu mudo de carreira", "Depois eu falo o que sinto", "Depois eu peço desculpas", "Depois eu me cuido melhor". "Depois...".

Afinal, sempre haverá um depois, não é?

Não.

A finitude não avisa. Ela chega, e quando o faz, tranca a porta e encerra de vez o tempo das desculpas.

A resposta certa é que todo mundo vai morrer, mas a pergunta que inquieta é: frente a essa certeza, você já começou a viver?

Então, se há algo para fazer, faça agora. Se há alguém para perdoar, perdoe agora. Se há um sonho guardado, tire-o da gaveta ou de debaixo do tapete.

O que realmente precisa da sua atenção não pode esperar.

O PESO DAS DECISÕES QUE NÃO TOMAMOS

Evitamos decisões como evitamos a morte. Afinal, decidir é como "matar" algumas possibilidades em detrimento de outras. É lidar com perdas e ganhos. E, na ânsia de termos ganhos, acabamos não ficando com nada. Apenas com o tempo escorrendo pelas mãos.

Preferimos seguir no piloto automático, adiando conversas difíceis, deixando sonhos no modo soneca e acumulando arrependimentos silenciosos. Afinal, decidir dá trabalho. Envolve assertividade entre a opção e a renúncia.

Só que o tempo não espera pela coragem. O tempo está se lixando para gente. Ele apenas vai passando, passando, até o dia que passa de vez para quem vai e, penso eu, se redistribui para quem fica, numa espécie de banco de horas extensível a terceiros que, não necessariamente, será você quem vai indicar.

Cada dia que você empurra decisões para frente, está perdendo parte do seu próprio tempo. E isso, cedo ou tarde, vai pesar.

O problema não é errar e, sim, não ter feito nada para mudar. Entre o ser lembrado por ter vivido e o ser esquecido por ter apenas existido, é preciso escolher com sabedoria.

O DIÁLOGO INTERNO QUE NÃO QUEREMOS ENCARAR

Se pararmos para escutar, todos temos um diálogo interno com a vida. Aquela voz que fica ressoando na nossa cabeça diariamente, algumas vezes gritando dentro, outras sussurrando e outras ainda apenas estalando a língua em sinal de questionamento sobre o que verdadeiramente estamos fazendo.

Esse diálogo geralmente acontece mais ou menos assim:

— Vai lá e faz!

— Mas eu não sei...

— Vai lá e aprende!

— Mas é difícil...

— Vai lá e pede ajuda!

— E se eu cair?

— Levanta de novo e vai lá...

— Mas eu tenho medo...

— Vai lá e enfrenta!

— E se der errado?

— Vai lá, assuma, conserte o que der, limpe a sujeira...

— Mas e depois?

— Vai lá e faz de novo, de outro jeito.

— Mas eu não sei...

Sabe sim. Só não quer admitir.

O problema não é a falta de conhecimento. O problema é o medo de sair da zona de inércia, que insistimos em chamar de conforto, mas que na verdade é uma zona de morte em plena vida. Afinal, conforto não mata, inércia sim.

A verdade é que, lá no fundo, todos sabemos o que precisa ser feito. Só estamos esperando coragem suficiente para agir, enquanto o tempo continua passando sem dó, oxidando o corpo mais e mais a cada dia. Pois essa é a única coisa que o tempo faz: oxidar a tudo e a todos.

A MORTE COMO MOTIVAÇÃO, NÃO COMO PARALISIA

Não se trata de viver como se fosse morrer amanhã – isso levaria a um comportamento irresponsável e impulsivo. Trata-se de viver como se sua presença no mundo importasse. Porque ela importa.

Então... se você desaparecesse hoje, qual seria a diferença?

As pessoas à sua volta notariam sua ausência apenas por formalidade ou porque você realmente impactou de alguma forma a vida delas?

Seu trabalho foi apenas um meio de pagar boletos ou você construiu relações de valor através dele?

Suas relações foram construídas com profundidade ou apenas ganharam maior ou menor relevância conforme a conveniência?

Essas são perguntas incômodas, eu sei. Mas também são as únicas que realmente importam.

Então, como podemos encarar esta última inquietação da *Filosofia bruta*?

- **Parando de esperar um chamado divino** – Não há clarins celestiais anunciando a missão de vida. Você precisa se mover e descobrir.
- **Resolvendo pendências emocionais** – Não adie reconciliações, declarações de afeto ou pedidos de desculpa. Pode ser tarde demais.
- **Tenha algo que valha a pena construir** – Seu legado não precisa ser grandioso, mas precisa ser autêntico.
- **Valorizando a rotina** – A vida não é feita só de grandes momentos. Ela acontece, principalmente, nas pequenas atitudes do dia a dia.
- **Não delegando a responsabilidade que nos compete** – Ninguém vai viver por você. Suas escolhas, boas ou ruins, são só suas. No fim, é você quem viverá (ou não) com o peso delas.

Então, quando seus olhos estiverem fechando pela última vez, aceite que dali em diante o problema já não será mais seu. Mas até lá, tudo é sua responsabilidade. Seus sonhos, seus projetos, suas relações, sua evolução, seu impacto no mundo. Até lá, você pode continuar empurrando a vida, esperando que algo mude sozinho. Ou pode abraçar o problema e assumir as rédeas da própria história, vivendo com urgência, porém sem correria.

José Saramago, em seu livro *A caverna*, deixou um alerta valioso sobre isso: "Não tenhamos pressa, mas não percamos tempo". A morte é certa, mas o que fazemos enquanto estamos vivos é nossa escolha. Como já dissemos em páginas pregressas: *Memento Mori. Memento Vivere. Carpe Diem*. Em outras palavras: lembre-se que vai morrer, lembre-se de viver, aproveite o dia. A vida pode acabar amanhã, mas até lá, que ela seja vivida com presença, propósito, intensidade e intenção. Se você está adiando a vida e as decisões importantes que precisa tomar para um "dia perfeito" no futuro, saiba que esse dia pode nunca chegar.

Então, viva antes que seja tarde. Pois uma hora o relógio vai parar definitivamente. A vida como conhecemos cessará, independente daquilo em que acredita – ou não – que possa vir depois da existência, num campo metafísico qualquer.

Viva ao ponto de, antes do seu último suspiro, da sua aterrissagem final, você dar um leve sorriso e balbuciar para quem estiver por perto:

— Pela atenção, obrigado! Agora o problema é de vocês...

Como já disse, o luto será um problema dos outros.

Mas até lá, a luta será um problema seu.

A vida é um piscar de olhos. Se você piscar demais, quando os abrir já terá acabado. Não há cota de amanhã, já que hoje o futuro é uma mera hipótese. Não há reembolso de tempo passado sem vida, nem título a vencer. Logo, é preciso decidir e escolher com sabedoria o que quer: ser lembrado por viver ou ser esquecido por existir. E para tirar o melhor caldo desta nossa última provocação, aqui estão os últimos "limões" para você espremer com sinceridade:

1. A consciência de que a vida é finita te assusta ou te motiva?
2. O que faria diferente se soubesse que tem pouco tempo restante?
3. Como quer ser lembrado quando não estiver mais aqui?
4. Se tivesse um mês de vida, como organizaria seus dias?
5. Você está vivendo ou existindo? A vida está passando por você ou você está passando pela vida?

16

CONCLUSÃO

DA BRUTALIDADE DA VIDA À SUAVIDADE DA CONSCIÊNCIA – E VICE-VERSA

Se você chegou até aqui, parabéns. Mas não espere uma medalha, um certificado ou qualquer outro prêmio que ateste essa jornada. Afinal, o aprendizado não precisa de carimbo. O que importa é o que ficou dentro de você – as reflexões, os incômodos, as provocações e as mudanças, ainda que sutis, que talvez já estejam acontecendo ou que tenham lhe deixado num estado de inquietude.

Ao longo desta nossa jornada passamos por quinze pilares fundamentais para lidar com a brutalidade da vida a partir da suavidade da consciência. Falamos sobre erros e acertos, sobre amizade e reciprocidade, sobre criatividade e vulnerabilidade, sobre a inevitável queda e o necessário levantar-se. Reforçamos a certeza da impermanência, a necessidade de evolução constante, a responsabilidade sobre nossas ações e a importância de perceber a felicidade como um processo.

Agora, cabe a você decidir como essas reflexões se encaixam no seu dia a dia.

A DANÇA DA BRUTALIDADE E DA SUAVIDADE

Vivemos tempos velozes, onde a pressão por respostas instantâneas nos impede de parar e refletir sobre o que realmente importa. Passamos horas e horas rolando telas nas redes sociais, vivendo num nível superficial de endorfina, renovável em poucos segundos e que, ao invés de nos estimular à ação, apenas proporciona um encantamento fajuto, terreno fértil para a passividade e a inércia.

Enquanto isso, a brutalidade da vida nos atinge com mudanças inesperadas, perdas e desafios diários. É justamente nesses momentos que a *Filosofia bruta* entra em cena: não para anestesiar com palavras vazias ou receitas mágicas de felicidade, mas para proporcionar clareza e solidez para atravessar as tempestades.

Ao longo dos capítulos, refletimos sobre a importância de estar consciente dos processos internos. A consciência permite perceber que há suavidade e humor até mesmo nos momentos mais difíceis, pois é ela que nos dá ferramentas para entender, aprender e crescer.

Isso nos leva a uma questão essencial: se tudo muda o tempo todo, como podemos nos tornar mais resilientes?

A resposta pode estar no conceito de antifragilidade, desenvolvido por Nassim Nicholas Taleb. Ao contrário da resiliência, que significa resistir ao impacto e voltar a um estado "normal" com um aprendizado e consciência ampliados, a antifragilidade nos desafia a ir além: não apenas suportamos as adversidades, mas fazermos as "pazes" com elas e, a partir delas, nos tornamos mais fortes, crescendo verdadeiramente. O caos, a incerteza e o desconforto não precisam ser fardos; podem ser oportunidades que impulsionam este fortalecimento e expansão.

DA BRUTALIDADE DO MUNDO À PROFUNDIDADE DE SI MESMO

Em tempos de complexidade e velocidade excessivas, muitas pessoas vivem à deriva, navegando apenas na espuma da superficialidade. A *Filosofia bruta* propõe o contrário: mergulhar fundo em si mesmo, compreender as próprias motivações, os próprios medos e desejos, e agir com consciência diante da vida e de toda impermanência que ela carrega.

Quanto mais nos conhecemos, mais sabemos o que nos fortalece e o que nos fragiliza. Passamos a entender melhor as dinâmicas das relações, as reações aos desafios e as decisões que precisamos tomar. E, principalmente, paramos de nos iludir com atalhos. Convenhamos: o que mais existe hoje é gente vendendo atalho e entregando verdadeiros buracos por aí, onde muitos caem e alguns poucos conseguem perceber e sair.

O autoconhecimento não evita quedas, mas nos ajuda a cair melhor e a levantar mais rápido. Ele não elimina a dor, mas nos ensina a lidar com ela. Ele não nos dá garantias de sucesso, mas nos coloca no controle do que podemos realmente influenciar.

PEQUENOS LEMBRETES PARA SEGUIR ADIANTE

Os capítulos anteriores trouxeram reflexões e práticas sobre temas essenciais da vida. Para que nada se perca, aqui vai um pequeno resumo do que exploramos:

1. O erro é um grande mestre. O aprendizado não vem da perfeição, mas da disposição em tentar, errar e corrigir o rumo.

2. Relações saudáveis exigem reciprocidade. Cultivar amizades genuínas começa com a prática do respeito e do interesse verdadeiro pelo outro.

3. Nada surge do nada. Criatividade é um efeito colateral de mentes bem alimentadas com experiências e aprendizados variados.

4. A vulnerabilidade é inevitável. A grande questão não é evitar quedas, mas aprender a cair com dignidade e se reerguer.

5. O que trouxe sucesso ontem não garante o de amanhã. Aprender continuamente é a única forma de se manter relevante.

6. A vida real acontece off-line. Construir um legado significa muito mais do que colecionar curtidas e seguidores.

7. O que fazemos hoje molda o que seremos amanhã. Pequenas ações acumuladas geram grandes impactos ao longo do tempo.

8. O presente é o único tempo sobre o qual temos controle. O que fazemos agora define os capítulos seguintes da nossa história.

9. O mundo não se divide entre certo e errado absolutos. Expandir a visão exige diálogo, reflexão e disposição para o contraditório.

10. Ego é um tempero forte. Na medida certa, ele realça a vida. Mas se exagerar, ele azeda o caldo.

11. O fracasso faz parte da trajetória. Crescer significa aprender a lidar com ele sem que a identidade seja abalada.

12. O arrependimento por não ter dito ou feito algo é um peso difícil de carregar. Logo, economizar na demonstração de afeto é burrice.

13. Crenças podem ser asas ou correntes. É preciso disposição de questioná-las antes que o peso da realidade as esfarele sem dó.

14. Se a felicidade está sempre num evento futuro, ela nunca chega. Encontrá-la no processo vivido no presente é o único jeito de realmente conhecê-la e vivê-la.

15. Somos passageiros do tempo. Ter consciência da morte não é mórbido, e, sim, libertador: ela nos ajuda a viver cada dia com mais sentido, significado e presença.

17

UM CONVITE FINAL

A vida é um convite constante à descoberta de si mesmo. Muitos aceitam esse convite tarde demais, quando as oportunidades já passaram, quando as palavras ficaram presas na garganta, quando o tempo já se esgotou. Mas você não precisa esperar um momento extremo para despertar para a própria existência.

Abrir-se ao autoconhecimento não significa se tornar uma pessoa diferente da noite para o dia. Significa se perceber vivo, ativo e presente no seu próprio caminho e tempo. Significa tomar as rédeas do que pode ser feito agora, frente aos limões da vida, e abandonar a ilusão de que as respostas virão de fora.

Caminhando para as últimas palavras, cumpro aqui a promessa de que a *Filosofia bruta* não lhe traria soluções prontas, mas inquietações e "limões" em forma de perguntas. Ela não traria garantias, mas colocaria reflexões em seu colo. Não pulgas coçando atrás da orelha, mas poodles latindo irritantemente sem parar. E talvez essa seja a grande chave. Quem aceita se conhecer, aceita se transformar. Quem se transforma, aprende a navegar melhor nas tempestades e a aproveitar melhor os dias de sol. Então, que tal abrir essa porta agora?

Recomendam por aí que "se a vida lhe der um limão, faça uma limonada". Mas sejamos honestos: há dias em que a vida não só dá o limão, como espreme na sua cara e ainda a esfrega no chão da realidade, que é bem áspero.

Viver a *Filosofia bruta* é ir além da limonada óbvia. É desafiar a lógica passiva do "aceite e adapte-se" e, com um sorriso no canto da boca, virar o jogo a partir de nós mesmos e do que podemos influenciar. Não se trata de simplesmente adoçar a adversidade, mas de usá-la ao seu favor.

Logo, ao invés da limonada, o que talvez a vida espere verdadeiramente é que a gente pegue o limão e o esprema de volta no olho dela. Não por vingança, nem rebeldia vazia, mas para que esse colírio ácido mostre a ela que estamos aqui, atentos e jogando ativamente. Relaxe: ela vai gostar de ver que não somos apenas meros espectadores do caos e das circunstâncias, mas protagonistas da nossa própria história, ao menos até enquanto ela durar, agindo sobre aquilo que está ao nosso alcance influenciar, já que o final a gente já conhece.

Porque viver não é apenas aceitar tudo.

É reagir. E provocar.

É ser um pouco malcriado diante das certezas.

E seguir adiante, **vivo de verdade**.

Eduardo Zugaib,
2025.

REFERÊNCIAS BIBLIOGRÁFICAS

ARISTÓTELES. *Ética a Nicômaco*. Trad. Mário da Gama Kury. Brasília: Editora UnB, 1996.

AURÉLIO, Marco. *Meditações*. Rio de Janeiro: Edipro, 2019.

BAUMAN, Zygmunt. *Modernidade líquida*. Rio de Janeiro: Zahar, 2001.

BOYD, William. *Armadillo*. Londres: Penguin Books, 2009.

BROWN, Brené. *A coragem de ser imperfeito*: Como aceitar a própria vulnerabilidade, vencer a vergonha e ousar ser quem você é. Rio de Janeiro: Sextante, 2016.

BURTON, MD, Nell. "These are the 7 types of love". *Psychology Today*, Nova York, 19 jul. 2024. Disponível em: https://www.psychologytoday.com/us/blog/ hide-and-seek/201606/these-are-the-7-types-of-love. Acesso em: 30 abr. 2025.

CARR, Nicholas. *A geração superficial*: O que a internet está fazendo com nossos cérebros. São Paulo: Agir, 2011.

CIALDINI, Robert B. *As armas da persuasão*: Como influenciar e não se deixar influenciar. Rio de Janeiro: Sextante, 2012.

DEUTSCHMAN, Alan. Mude ou morra: as 3 chaves da mudança no trabalho e na vida. Rio de Janeiro: BestSeller, 2007.

DWECK, Carol S. *Mindset*: A nova psicologia do sucesso. Rio de Janeiro: Objetiva, 2017.

EPICURO. *Cartas e máximas*. Trad. José Cavalcante de Souza. São Paulo: Edipro, 2002.

ESPINOZA, Baruch. *Ética*. Trad. Tomaz Tadeu. Belo Horizonte: Autêntica, 2009.

FERRARI, Michel. "What Is Wisdom and How Can We Develop It?" In: *International Handbook of Giftedness and Talent*. Nova York: Elsevier, 2000.

FREUD, Sigmund. *O mal-estar na civilização*. Trad. Paulo César de Souza. São Paulo: Companhia das Letras, 2010.

HERÁCLITO DE ÉFESO. "Fragmentos." In: *Os pré-socráticos*. Trad. José Cavalcante de Souza. São Paulo: Edipro, 1996.

HOLIDAY, Ryan. *O ego é seu inimigo*: Como dominar seu pior adversário. Rio de Janeiro: Intrínseca, 2017.

KAHNEMAN, Daniel. *Rápido e devagar*: Duas formas de pensar. Rio de Janeiro: Objetiva, 2012.

KANT, Immanuel. *Crítica da razão pura*. Trad. Manuela Pinto dos Santos. Lisboa: Edições 70, 2001.

KUBLER-ROSS, Elisabeth. *Sobre a morte e o morrer*: O que os doentes terminais têm para ensinar a médicos, enfermeiras, religiosos e aos seus próprios parentes. São Paulo: WMF Martins Fontes, 2017.

NIETZSCHE, Friedrich. *Assim falou Zaratustra*. Trad. Paulo César de Souza. São Paulo: Companhia das Letras, 2011.

NIETZSCHE, Friedrich. *Além do bem e do mal*. Trad. Paulo César de Souza. São Paulo: Companhia das Letras, 2013.

SARAMAGO, José. *A caverna*. São Paulo: Companhia das Letras, 2020.

SCHOPENHAUER, Arthur. *O mundo como vontade e representação*. Trad. Jair Barboza. São Paulo: UNESP, 2005.

TALEB, Nassim Nicholas. *Antifrágil*: Coisas que se beneficiam com o caos. Rio de Janeiro: Objetiva, 2013.

WARE, Bronnie. *Antes de partir:* Os 5 principais arrependimentos que as pessoas têm antes de morrer. Trad. Chico Lopes. São Paulo: Geração Editorial, 2017.

OUTROS LIVROS DO AUTOR:

A Revolução do Pouquinho

Plano de Trabalho
para Toda Vida

Humor de Segunda a Sexta

O Fantástico Significado da Palavra Significado

ESTE LIVRO FOI COMPOSTO COM ALEO E FUTURA STD,
E IMPRESSO EM PAPEL IVORY SLIM, NA GRÁFICA VIENA